竹内　悊
Satoru Takeuchi

生きるための図書館

——一人ひとりのために

Eurus
Notus
Boreas
Zephyrus

岩波新書
1783

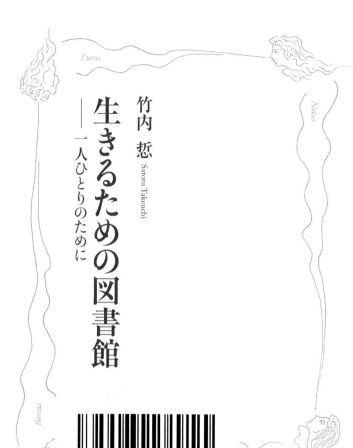

はじめに

図書館のことが、特にここ数年、あちこちで語られています。例えば二〇一五年の八月には、一人の図書館員がふと漏らした「学校が始まるのが死ぬほどつらい子、学校を休んで図書館へいらっしゃい……」というつぶやきに、三万件以上もの反応があったといいます。

今、医療関係者は、高齢者が前向きに過ごす場所としての図書館に注目しているといいます。図書館に出かけて、自分の脳の活性化を図るような本を、楽しみながら探し、考えることが認知症の予防になるのではといわれているからです。認知症にかんする本のコーナーをつくる図書館もあります。

話題は話題として、図書館とは、いったいなんなのでしょうか。本を集めて貸し出しをするところというイメージは間違いではありませんが、今はそれが変わってきました。そこでこの本では、人と図書館とのかかわりをみようと思います。

まず第一章は、住まいから歩いて一〇分足らずのところに図書館がある市の様子です。

第二章は、子どもの読書についての民間有志の努力についてです。幼い時に本とは面白いもの、楽しいものだと知った子どもたちは、それからの人生に、本という強力な同行者を得ます。しかし子どもたちの持つ、潜在的な読書要求を家庭ですべて満たすのは困難です。そこでこの人たちは、できる範囲のことをしながら、その活動を支える公立図書館が必要だという声をあげました。それが各地の共感を呼んで、公立図書館の数が増えてきたのです。

第三章は、図書館で働く人たちのことです。国の制度としての図書館の基本は「図書館法」であり、「学校図書館法」です。図書館員は法律上、専門職としてまだ認められていませんが、図書館法を力として、専門知識と経験とセンスをみずから育ててきました。それは図書館の現場、つまり読者とのかかわりから生まれた自然な動きでした。それと現実との開きをみたいと思います。ここで「図書館をめぐる、さまざまな団体」をコラムとしてまとめました。

それに続く第四章では、東日本大震災の被災者である市民と図書館員とが、これからの生活に向けてどう立ち上がったか、そこから学んだ今後の災害への対応と図書館の仕事の進めかたについてです。人々のこれからの生活に力になる図書館、という期待がみえるでしょう。

コラムは、図書館についての規範原則「図書館学の五法則」の紹介です。

第五章では、図書館法や図書館学の五法則を十分咀嚼《そしゃく》したうえで、図書館サービスを提供する実例です。学校図書館二館と、大学での図書館学の授業と大学図書館の連動、そして五年の準備期間を経て開館した公立図書館の四つの例によって、一人の読者と本や記録媒体をつなぐという図書館サービスを述べています。

最終の第六章では「人と本とをつなぐ仕事」をもう一度検討し、人を集団として扱うのではなく、一人の読者のその時の要求や条件に合わせ、その人に最も適切と思われるものを、自分で探せるように、という図書館員による努力であることを述べました。これは今日、広い視野で教育を考える時の一つの手がかりになろうかと思います。

ここで紹介した図書館サービスの事例は、すべて実在しますが、第二章を除いて、図書館や図書館員の名前は伏せました。ここに引いた実践を優れた条件に支えられた特別な事例であって及び難いものではなく、一つの支えとして各図書館のサービスの充実が図られることを期待したからです。それぞれの図書館の詳細は、巻末の「主要参考文献」をご覧ください。

なおこの本では、従来図書館で使ってきた「利用者」という言葉よりも「読者」を選びました。「利用者」には図書館で利用登録をした人だけという感じですが、「読者」には自分で何かを求めるという積極性がみえるからです。図書館のサービス対象は、自治体や学校などの構成員全体です。人間の基本的能力としての「読む」ことをみずから育て、図書館サービスを受け手としてだけでなく、一人の読者として図書館の活動に積極的に参加する人、という期待を籠《こ》めました。また、「公共図書館」という言葉は、普通、だれもが使えるという意味に使われますが、これには私立図書館も含まれます。そこで、税金で立っている、無料の、という性格をはっきりさせる必要がある場合に、「公立図書館」を使いました。

そういうことで、このささやかな一冊ができました。「一人ひとり、そしてみんなが、生きるための図書館」となるために、この本がいささかなりともお役に立てば、まことに幸せです。

二〇一九年五月　つくばの紫峰を望みながら

竹内　悊《さとる》

目次

はじめに　i

第一章　地域の図書館を訪ねて……1

1　自宅から歩いたところの図書館に　2

自然な流れ／子どもたちのために／お昼どき／午後のひと時／お話し会で／人の目には見えない仕事／この図書館で一日を過ごして

2　市の図書館　14

市と図書館／図書館の基本方針とは／この図書館のサービス／市全体での理解／みんなでわけあう図書館

第二章　子どもたちに本を……23

1　石井桃子さんの学び　24

目　次

「子どもの本についての本」との出会い／海外での出会い／大学院での授業／帰国後、子どもたちから学ぶ／かつら文庫と『子どもの図書館』／石井さんの志

2　斎藤尚吾さんと日本親子読書センター　42
読書観はどのようにつくられたのか／学校での親子読書／日本親子読書センター／「親子読書の手引き十か条」と「親子読書のすすめ十か条」／家庭文庫から地域文庫へ、そして図書館への期待／読書運動の旅

3　親子読書地域文庫全国連絡会と広瀬恒子さん　60
広瀬さんと公立図書館／個人の読書から読書運動へ／親子読書地域文庫全国連絡会の成立／子どもの読書運動の理念

4　その先に　69
子どもと本をつなぐ／聞き上手になる／制度は充実してきたが／厳しい注文／文庫活動が直面する共通の課題／行政のかかわり方

第三章　新しい図書館像を創る……………………………………85
1　国の制度が変わった　86
図書館法ができる／その特徴／公立図書館の設置／学校に図書館を／国立国会図書館
2　図書館サービスの充実のために　99
書庫出納式から公開書架へ／貸し出し方式の改善／図書館のシステム化／大学図書館の変化
3　直面していること　104
公立図書館の資料費削減と学校図書館整備／司書の配置転換によるサービス水準の低下／公共図書館を教育委員会から首長部局に／図書館の危機安全管理
コラム　図書館をめぐる、さまざまな団体　112

第四章　災害から学んだこと……125
1　被災地域と図書館　126
図書館が被災／仮開館へ／通常開館に戻る／学校図書館の復旧
2　東日本大震災アーカイブ収集活動　131
なぜ記録が大切なのか／図書館が担当する理由
3　災害から学んだこと　135
日常のサービスを／図書館員ボランティアの貢献／災害時の正職員の任務／被災図書のその後／支援図書の手渡し／学校図書館の整備を支援する／災害支援をまとめる力
コラム　図書館学の五法則　145

第五章　一人ひとり、みんなのために……161
1　学校図書館の現場から　162
小学校での「図書館のちかい」／みんなに共通なもの／中学校の図書館で／生徒と先生とが図書館作りの仲間に
2　中・高校生のコンパス（羅針盤）　171
学校の場で／学校図書館を訪ねて／雑誌を発行
3　大学の授業と学生と図書館　179
大学の授業で／この授業の構成／学生からの反応／大学図書館への影響／人と図書館とのかかわり
4　地域で図書館をつくる　187
新しい市立図書館構想／その実現のために／市民からの協力／開館後
第六章　人と本とをつなぐ仕事……197

目次

1 本というもの 199
それを必要とする人／本が人に語りかける／本に代わって伝える
2 一人の読者のために 201
相談を受けて／ものを探す力／災害と図書館／教と育と教育と
3 未来に向けて 206
これからの読書／図書館員として考えること／横の広がり／長い時間観の中で
おわりに 213
主要参考文献 217

イラスト 藤原ヒロコ

第一章　地域の図書館を訪ねて

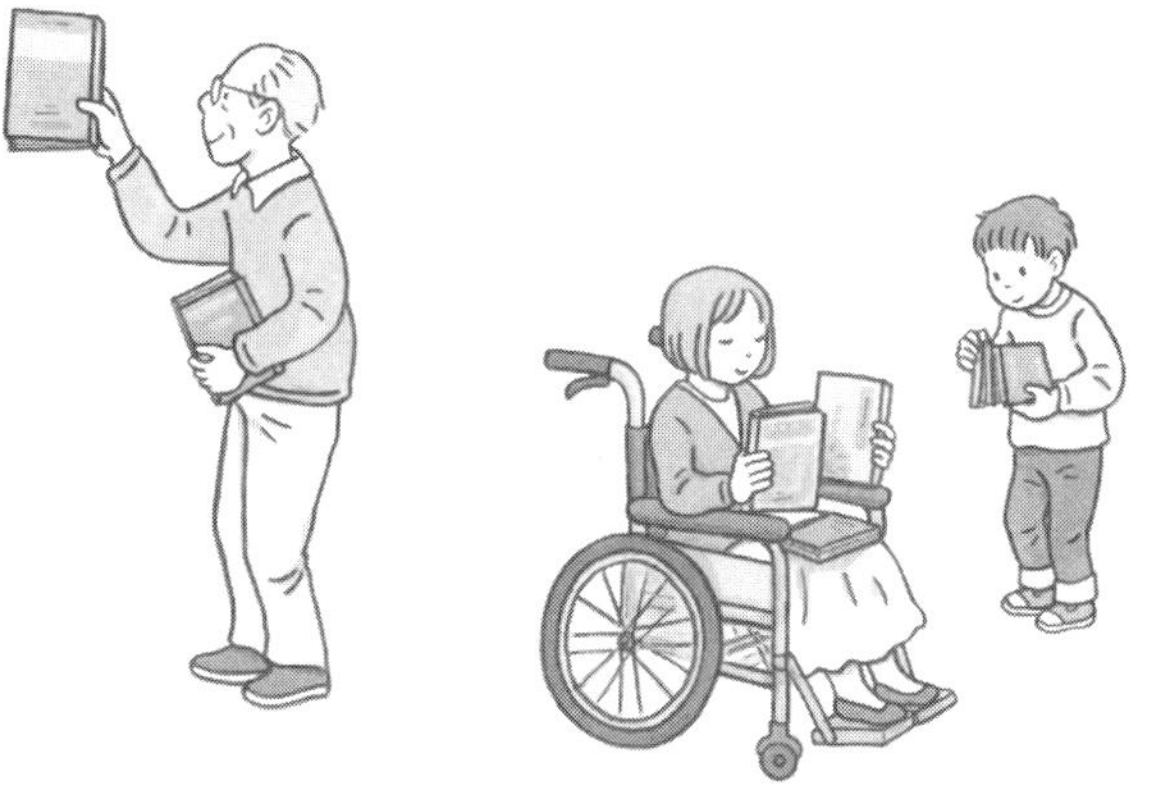

1　自宅から歩いたところの図書館に

三月の末、刺すような北風の止んだ日でした。東京の西部、多摩地区の市立図書館分館を訪ねました。全国で三二〇〇を超える公立図書館の中で、「こういうところが身近にあったら」と思える地域の図書館はどこだろうか、と相談をして、まずここを、となったのです。それは、戸建ての住宅地を出はずれて、茶の木の生垣の向こうに広がる畑の前の、なんとなく安らぎを感じる場所にありました。

この日はつい数年前まで近くの市立図書館長であったSさんに同行を依頼して、朝八時半から午後四時までを館内で過ごし、いろいろなことを見聞きしました。そして「今日、ここに来てよかった！」というさわやかな思いで、この図書館を後にしました。以下は、私たちの印象とメモからの報告です。

自然な流れ

九時に図書館のドアが開くと、徒歩や自転車で来た年配の人たちがすぐに入ってきます。その一人は、サービス・カウンターに立って迎える図書館員の朝の挨拶に応えてすぐ右手に行き、奥の落ち着ける椅子と机のところで自分の仕事を始めました。次の何人かは、まず新聞のとじ込みを選んで、近くの椅子に腰を下ろします。ソファで雑誌を広げる人もいます。その次に入ってきた人たちは、机のそばの本棚の列の中を歩いてめざす本をとり出し、机に向かってノートを広げました。

思う本が見当たらないと、サービス・カウンターに行って、図書館員に相談します。ここは農業をする人と都内に働きに出る人とが住む地域で、商業施設には少し遠いところです。それが図書館の利用にも反映して、肥料のこととか新しい作物のこと、あるいは自分の仕事にかかわる本の相談があります。高齢者も増えていますから、特に文字の大きな本（大活字本）とか、時代小説を、という希望も寄せられます。

同じ著者の別な作品を求める人、木に花が咲いたので名前を確かめたい人、遠くの大学に入った子どもに本を送りたいが、お薦めの本は、という人も来ます。異なる文化の中で育った利用者も外国から来た人たちも、家族連れで来て、外国語の雑誌を予約したり、絵本の原書を探したりします。

図書館員はそういう人たちを本棚に案内し、ここにない本は中央図書館に連絡。見つかれば翌日の連絡車で届くことになります。そのための会話が、静かに流れていました。

子どもたちのために

玄関の左手は子ども室でした。明るい部屋の窓の下や、低い本棚、つまり子どもたちの目の高さのところに、司書が選んだ本が並んでいました。ここは子どもの人口が増えているので、子どもの読書には特に気配りをしています。その姿勢が保護者に伝わって、ここの本は安心して借りられる、といわれています。この日も幼稚園前の子どもに静かに読み聞かせをしたり、子どもが自分で本を選ぶのを見守ったりする大人の姿がありました。

子ども室の右隣がお話し室で、読み聞かせに向く絵本や、手遊びのおもちゃが置いてあります。お話し会の前には、ここでおもちゃと遊びながら開会を待つ子どもと大人の姿もみられました。

子どもたちは、本を使ってものを調べる、という学習を小学校の時から始めますし、また、自分の持つ疑問や、友だちと話していてわからないことを、自分で探してみよう、と思う子もいます。この市の図書館では、毎年、小学校に出かけ、三年生を対象として図書館の使い方を説明し、館内にある検索機を使って本を探す方法や、分類のこと、ラベルのことなどを話します。これは、その小学校に近い分館の館員の担当です。これによって、放課後や休日に図書館に来る子どもたちが増え、その子たちに声をかけることもできるのです。

お昼どき

図書館の窓の外のテラスには、シェードの下にいすとテーブルがありました。そこで親子がお弁当を広げていたのは微笑ましい光景でした。

人が本を広げている隣でお弁当を広げたりはしないという、図書館でのマナーを知ってくれている、という気がして、嬉しいことでした。

実は館内で飲食をされると、そこに散らばった残りものがゴキブリやネズミを育ててしまい、本を齧《かじ》ったり、館内を走り回って皆を驚かせたりすることがあるのです。

午後のひと時

午後になると、子どもたちが本を借りたり返したりで、図書館のお兄さん（司書）との話が聞こえてきます。「○○ちゃん、こんな厚い本読んだの？　すごい！」とか、「この本、おもしろかった？　昆虫の本、あそこに並べたから、よかったら見ていって」という、そこはかとない話です。

図書館は、読書を強制することはしませんが、それでもこういう会話が、その子の読書の世界を広げ、司書もまた子どもの持つ読書の世界を知るようになります。この図書館の人たちは、そういう会話が自然にできる人たちでした。

お話し会で

お話し会は三時からでした。明るく気持ちのよい部屋に、一〇人ぐらいの親子が来ていました。二歳から五～六歳ぐらいの子どもたちが図書館のお兄さんの読み聞かせに、身動きもせずに聞き入りました。

次の読み聞かせは、手作りの布の絵本でした。面ファスナーで止められた窓をそーっと開けると、思いがけない動物がいて、子どもたちの動きが変わります。この手作り絵本はいつも子ども室に展示してあって、誰でも見ることができますし、ボランティアの手で手作りされていますから、大人たちがその仕事に参加することもできるのです。

次は分館長さん（司書）の読み聞かせで、子どもたちはまた落ち着いて本の世界に入っていきました。この構成は見事でした。

読み聞かせの時には、まず子どもたちに表紙を見せます。そして、ゆっくりと書名と著者や画家の名前を読み上げます。表紙をめくると、見返し紙が出てきて、それは無地の色紙であったり、または本の中身とかかわる絵があったりするのですが、それもゆっくりと見せます。ここは、その本の中身に入る前の気持ちの準備のためのページなのです。それから扉のページがあって、開けるとその本の世界が広がります。

つまり、すぐに本の中身に飛び込んでゆくのではなく、じっくりと本を見せて、そのお話の世界に子どもたちを案内する。ただ子どもたちがおもしろがればいいのではなく、一人ひとりがその世界に入っていく、そうして自分で何かを感じ取る、それが図書館でのお話し会なのです。

その時、語り手が主役ではありません。著者が読者に伝えたいことを、その代わりになって伝える仕事ですから、大げさな身振りや声色よりも、ごく自然な話し方と、それに伴う控えめな身振りで、著者の思いを伝えようとします。話芸の専門家の話し方とは、その姿勢が違うのです。

そこで、司書は、読み聞かせやお話をする前に、その本を何度も読みこんで、この著者が何をいおうとするのかを考え、どこに間《ま》を入れたらよいのかを考えます。それから練習に入ります。読み聞かせの場合も、本文をほとんど暗記するほどに読みこむことが必要とされています。子どもと本とを結びつけるのには、そういう配慮と厳しい訓練が必要なのです。この日のお話し会は、その訓練の厚みを十分に感じさせてくれました。

見学をさせてもらったお礼に、Sさん手作りの手袋人形劇『三びきのこぶた』を見てもらいました。Sさんも三〇年を超す経験を持つベテラン司書です。こぶたがどうなるのか、子どもたちも大人たちも、そして私までもがはらはらしました。Sさんもまた、子どもたちの熱心な目に引きこまれそうだった、と後で話してくれました。その後で、オオカミをこわごわ覗いたり、煉瓦のおうちにそっと触ってみる子がいました。

図書館でのお話し会が子どもたちの生活の中に定着していることと、子どもと本とをつなぐための仕事として司書さんと館長さんが真剣に取り組んでいることがよくわかる、貴重な時間でした。

人の目には見えない仕事

貸し出しやお話し会は誰の目にも見えます。また、求める本が見つからない時に図書館員に相談して、受ける援助も目に見えます。でも図書館の仕事には、目には見えない仕事がありま す。そのことを分館長さんに聞いてみました。

まず**選書**があります。職員は日ごろの市民との会話や、本棚の本の動き、貸し出しの時の会話に留意し、新聞や雑誌の新刊紹介や書評に目を通すこと、図書館に寄せられる要望、書店に出ている本や書店からの見計らい本(書店が新刊書の中から図書館向きではないかと考えて届けてくる本)に気を配るなど、普段からの努力のうえで本館の選定会議に出席し、発注する本を決定します。どういう本を備えるかは図書館の眼目ですから、本についての知識だけでなく、この本を蔵書に加えたらどんなふうに使われるか、これに代わる本があるか、あるいは図書館に当然あるべき本でありながら選書に漏れた本などを含めて考える仕事です。

そのほか、その日の午前中には、**図書館の利用に困難のある人々への宅配貸し出し**や、**学級文庫**への配本と交換、**学校司書さんへの支援**などがありました。学級文庫には二〇〇〇冊の本を図書館から届けて、定期的に入れ替えをします。本の一冊一冊は軽く感じますが、たくさんになると、とても重いもので、屈強な人でも音《ね》を上げるほどです。この仕事には腰痛や腱鞘炎がつきものだとさえいわれています。

また宅配貸し出しでは、書名や著者名が明確とは限りません。こういうふうな感じの本を、といわれた場合、適切な本を選ぶのには、このサービスについての経験と、本についての知識、それに、その人が何を不自由とし、何を求めているかを知ることが必要です。適切な本を選んだあとは、その内容がわからないように包装をして読書の秘密を守ります。それから配送の係(ここではボランティア)が自宅や施設に届けます。図書館によっては、館員が配達にいって読者に直接手渡しをし、図書館についての要望も聞きます。

また、本についての相談や質問を受けて「これをどうぞ、ご覧ください」と伝えるだけでよい場合もあれば、その本の使い方を説明する場合もあります。これは誰にも見えます。しかし、込み入った問題の場合の調査は、なかなか人の目には見えません。

分館にある資料で十分ではない場合は、中央図書館の調査支援係にまわして、たくさんの本を使って調べてもらいます。この仕事は、分館と中央図書館とを問わず、本や情報の世界についての広い知識と、それを求める人の一般的な行動のパターンの知識と経験、それにこの仕事から生まれるセンスとが必要になってきます。そして、一つの調査をするのに、それこそ三日三晩、真剣に考えることもあるのです。

また、問題の核心をはっきりさせての質問ならば比較的短時間ですむことが多いのですが、本人にもはっきりしない場合があります。その時、いちばん困っているのは本人なのです。その人のためにじっくりと相談に乗れるように、という思いに支えられてする仕事です。

最後に地域の人々への要望を聞きました。すると、「皆さんが図書館に何を期待しておられるのか、それを知らせていただきたい。それによって図書館の持つ可能性を知らせることができる。私たちの力がまだ足りないけれど、なんでも相談してもらえる図書館にしたいと思う。そして図書館の本は公共のものだから、お互いに大事にしたいものですね」、と分館長さんは結ばれました。

この図書館で一日を過ごして

お話し会が終わるともう四時。学校帰りの子どもたちや今日来た人たちに、貸し出しをしたり、ここにない本の予約を受け付けたり、質問に答えたりと、サービス・カウンターの周りが忙しくなってきました。

挨拶をして表に出て、「今日はとてもいいものを見せてもらった」と思いました。図書館での市民の時間の過ごし方が自然であったこと、特に高齢者の落ち着いた読書の姿が印象的でしたし、子どもの読書からさまざまなことを学びとる大人、一つひとつに深い興味を示す子どもたちなどを見て、もしこの分館がなかったら、この人たちは、どこでどんな時間を過ごすのだろうか、と思いました。

それには、歩いて来られるところにあることが大事です。以前、この市の中央図書館で「図書館で本を借りられるのはうれしいけれど、ここに来るまでのバス代がたいへんだよね」という子どもたちどうしの話を司書が偶然耳にして、「ただ図書館があればいいと思ってはいけない、生活の場の近くにあることが大事なのだ」と痛感したといいます。

もう一つの強い印象は、ここでは、司書と嘱託職員との意思の疎通が円滑で、それが分館運営に活きていることでした。

司書というのは、大学で図書館学（図書館情報学とも）を学んで「司書となる資格」を取得し、勤め先の図書館で「司書」として任用された人をいいます。ただすべての図書館が司書を置くと定めているわけではなく、誰でも図書館で働けることになっています。この市では「司書となる資格」を持つ人を「審査をくりかえして」図書館に採用し、その中から図書館で働く適性があると見定めた人を「司書」として任用しています。そして人手の足りないところを、この仕事に能力を持つ人に委嘱して専門嘱託員として働いてもらっています。そこで、専任の司書と非常勤の嘱託員のあいだに知識と経験の共通性があり、意思の疎通があるというわけです。これはすべての図書館でそうなのではなく、「司書となる資格」を得た人を配置すればよいとするところもあり、またその必要を認めていないところもあって、読者への対応がまちまちなのが現状です。この市は、図書館で働く人の能力と資質を大事に考えていますから、それがサービスに現れるのです。

この分館もその現れの一つです。五万冊の蔵書(新刊書は年に約三〇〇〇冊)と雑誌七七種を持つ一つの図書館として完結しているのではなく、この市の図書館全体の蔵書と図書館サービスとをこの地域で代表しているのです。市民にとっては、自分の意思で自分を育てるところ、それが生活の中に自然に溶け込んでいる、と思いました。

2 市の図書館

市と図書館

この市は人口が二三万余り、二二平方キロメートルの中に公立小学校二〇校、私立小学校二校、公立中学校八校、私立中学校三校、そのほかに公私立の高等学校や大学があります。そこに中央図書館と分館一〇館、つまり図書館は中学校区一つ、そして人口からみれば二万人に一つあることになります。これは誰でも自宅から歩いて一〇分以内、つまり半径八〇〇メートルに一つの図書館という市の計画が実現したからです。

市立図書館全体の所蔵資料は、二〇一五年現在、本と映像資料とを合わせて一三七万点です。これは市民一人あたり五・九点にあたります。貸し出しは年間二六四万点、市民一人あたり一一・四点です。この年の全国平均は五・五点ですから、その二・一倍というのは、全国的にみて、市民がよく図書館を利用していることになります。

ここでは、こういう貸し出し状況が一〇年以上も続いています。この状況を支えている図書館の資料購入費は、市民一人あたり三九五円です。

中央図書館は市の中心部にあって、午前九時から午後八時半まで開館、月末に二日間の館内整理のための休館があります。分館は午前九時から午後五時まで、季節によって水曜と金曜には午後六時まで開けています。休館日は月曜日と毎月第四火曜日です。

図書館の正職員は六二人（うち司書有資格者四四人）、専門嘱託員は一五五人、全員三交代制で勤務しています（二〇一六年度）。

図書館の基本方針とは

この図書館は一九六六（昭和四一）年の創立ですが、以来五〇年、さまざまな難関を乗り越えてきました。その図書館サービスの積み重ねの中から、この図書館の基本方針が生まれました。それを簡単な箇条書きにして、まとめてみました。

(1)この市立図書館は、どこでも、だれでも気軽に利用できる市民の書斎であり続ける。
(2)それとともに、地域に根ざした市民文化の創造に寄与する。
(3)そのために、積極的な図書館活動をおこなう。
(4)その基礎として、
①分館網の整備・充実を進める。
②市民の参加と協力を得るように努める。

この図書館のサービス

ここの図書館サービスの基本は、次の四つとしています。

・貸し出し　図書館の仕事の中で、非専門的単純作業とみなされがちの仕事ですが、実際は、読者と図書館員とがじかに触れあう接点として重要です。貸し出しした本に満足できたかどうか、満足しなかったら次はどうするかなど、さりげなく声をかけて、その人が本当に必要とする本を手渡しする機会です。

ですから、貸し出しデスクの責任者は、その図書館一番の経験者を置くべきだと、昔からいわれていました。図書館のレーダー基地、とでもいいましょうか。

・**児童サービス**　子どものことは簡単で、誰にもできる仕事、子どもの本はやさしく書いてあれば何でもいい、子どもは大人が選んだリストに従って読めばいいのだ、と思われてきました。実際は、大人になると子ども時代のことがわからなくなることが多く、子どものことは、子どもに教えてもらわなければなりません。そう考えることで、この仕事の広さ、深さが見えてきます。

それでも、子どもの本は大人が書かなければなりませんし、それを選んで集め、一人ひとりの子どもに提供するのも大人の仕事なのです。

・**ハンディキャップサービス**　体が不自由で、図書館を使うのにも困難を感じている人たちへのサービスは、とても大事です。その人たちは、入ってくる情報が伝達手段によって制限されることが多く、その分を自分の努力で補うために精選された知識や情報を真剣に求めています。

そこでこの図書館では、このサービスを市民に対する当然の仕事と考え、予算を確保し、点訳や音訳のためのいろいろな機器やソフトウェアを備えて、①見えない人、見えにくい人、普通の印刷文字では読みにくい人たちへのサービス、②同様な不自由さを持つ子どもたちへのサービス(布の絵本の作成、補修と閲覧を含む)、③宅配サービス、④聴覚の不自由な人へのサービス、⑤車いすを利用している人へのサービス、⑥大活字本の収集、⑦音訳者、点訳者、布の絵本製作者の養成、をしています。大きな特徴は、このサービスを受ける人たちとの懇談会があって、そこから図書館員が学び、実際の活動に反映させていることです。これはお互いの考え方を知り、信頼感を生むのに不可欠です。それを「血の通った図書館活動」というのでしょう。

・**調査支援サービス**　図書館で調べものをする時、目的とする本が見つからなかったり、何を見たらよいかわからなくなるのは、よくあることです。その相談にのるのが、この係の仕事で、参考係とか相談係といいます。そのために、この係の司書は、まずその質問の主旨をよく理解し、その人が一番適切な解決法を見つけられるように援助します。つまりこれは、問題を解決しようとする人の道案内なのです。知識や情報が本などの媒体という形をとって蓄積されている世界は、まるでジャングルのように入り組んでいますから、困った時に道案内を求めるのは当然です。

しかしこの仕事の理想は、その人が自分で問題を解決する喜びを得ることにあり、その人に代わって問題を解決するのではありません。この案内人は、目的地が見えるまでの同行者で、その人の仕事の代行者ではないからです。もちろん、その人が図書館に不慣れな場合、必要に応じてのお手伝いは当然です。

こういうサービスが的確にできるようにするために、司書はそれこそ一生かけて自己研修と集団研修とに励みます。むずかしい問題については、館内のすべての力を集めますし、それでも不十分であれば、他の図書館の力も借りて解決への努力をし、一人の読者の要望に応えるのです。しかしまだ市民全体への満足すべき状態には至らないといって、努力を続けています。

市全体での理解

こうした図書館の方針は、図書館の中だけではなく、市役所も、議会も、市民も、市民生活のために必要なものと理解し、市の機関の一つとして維持・発展させる体制が必要です。これは図書館からの不断の働きかけと、サービスの蓄積、それに注目する人々の支援が不可欠ですし、図書館員個人も、図書館に勤めて市民のために働きます。それは、市の職員として司書という職種を認められ、図書館という職場で働くのであって、市役所やその他の部署の職員とも、市民のために働く点で共通なのだ、という意識を持つからこそ相互理解が生まれたのでしょう。

この努力とその結果とは、この市で生きていく人たちのための図書館を作りあげるうえで、大きな役割を果たします。この相互理解と協力とが今後も継続し発展することに大きく期待したいと思います。

みんなでわけあう図書館

この図書館が開館した一九六六年の前年には石井桃子さんの『子どもの図書館』が出版されて、子どもの読書と図書館についての、大きな刺激となりました。このころは、日本で初めて制定された「図書館法」(一九五〇(昭和二五)年公布)によって戦前の「国家のための図書館」が「国民のための図書館」に一八〇度方向を変えて一五年たった時でした。上から与えられるのではなく、みんなの力で集めたものをわけあうようになったのです。新しい図書館員養成の効果が各図書館で出始め、古い図書館像から脱皮をしようとしていた、まさにその時期だったのです。

それでも本を公費で買い、それをみんなでわけあうという考え方は、なかなか定着しませんでした。読書は個人のやること、本を読みたければ自分で手に入れるべきだ。身銭を切って買うからこそ中身が身につく。それを公費で買わせて使おうというのは怠惰である。そういう考え方が根強くありました。

そうした中でこの図書館は、初代館長が「市民の内的自発性」に語りかけ、みずから学ぶ手段を提供するのが図書館だ、と考え、それを「市民一人ひとり、そしてみんなへ」の図書館サービスとして発展させたのです。

それを支えたのは二つの力です。

一つは子どもの読書環境をよりよいものにと考える民間の有志の活動、もう一つは図書館員によって続けられた努力です。この二つがかかわりあって活動を始めたのが一九六〇年代でした。そこで次の章では、その民間の努力を、まず紹介することにしましょう。

第二章　子どもたちに本を

これから育つ子どもたちに、よい本を！という活動は、戦後各地で個人も公立図書館も始めました。鹿児島県立図書館や長野県立図書館のように、全国的に著名になったところもあれば、社会環境や個人の事情などで中断した活動もありました。その中で、五〇年以上にわたって続けている全国的な三つの活動を、ここに記録しておきたいと思います。

その最初は石井桃子さんです。高名な作家であるのは周知のことですが、子どもの読書の振興について大きな働きをされました。そしてそれを進めるのに、つねに「学ぶ」という姿勢を持ち続けられたと思います。そこでその観点から、石井さんの仕事をみることにしました。

1　石井桃子さんの学び

「子どもの本についての本」との出会い

「子どもの本は根源的な本だ」という考えは、一生を通じて石井桃子さん（一九〇七―二〇〇八年）の柱でした。小さい時から子どもの本に親しんでいた石井さんが初めて「子どもの本について の本」に出会ったのは、大学で英文学を学んだ後、出版社で働いていた一九三〇年代半ば（昭和初頭）のことでした。銀座の大きな書店で『子どもの本の中の黄金の国』（*Realms of Gold in Children's Books*）に出会ったのです。これは児童文学史と挿絵の歴史を兼ねた本でした。その本の著者、バーサ・マホーニィ・ミラー（Bertha Mahony Miller, 一八八二―一九六九年、以下ミラー夫人）は、子どものための書店の経営者でしたが、そこには応接間のような読書室を備えていて、子どもたちが自由に本を読めました。

ここで配った推薦図書リストを元に、ミラー夫人が編集・発行したのが、子どもの本の専門批評誌『ホーンブック・マガジン』（*The Horn Book Magazine*）でした。石井さんは早速定期購読者になり、二人の交流が始まりました。一九四〇年代初め、石井さんからの「大人も子どもも楽しめる本を」という依頼でミラー夫人から届いた本の中に、ドリトル先生シリーズが入っていて、日本の子どもたちのために大きな幸せをもたらすことになります。

その後、石井さんは私設の児童図書館を開き、また、友人二人とともに出版を始め、一九四〇年、『たのしい川邊』(中野好夫訳)、翌年『ドリトル先生「アフリカ行き」』(井伏鱒二訳、ともに白林少年館出版部)を出版しました。この時期の出版は、紙の手配や出版許可、編集や印刷の実務販売までのすべてにわたる大変な仕事でしたが、本というものを、内容とモノと技術、考え方とセンスとの総合体とみる、大きな学びの機会となったのです。一方、石井さんは訳書『熊のプーさん』(一九四〇年)、『プー横丁にたった家』(一九四二年)を岩波書店から出版しています。

一九四五(昭和二〇)年八月、石井さんは宮城県に農場を開きました。昼間は畑で働き、牛の世話をし、夜は『ノンちゃん雲に乗る』の原稿を清書して一九四七年に出版(大地書房)。五〇年からは岩波書店で「岩波少年文庫」の企画編集にあたります。翌年、『ノンちゃん雲に乗る』がベストセラーになり、第一回芸術選奨文部大臣賞を受けます。五四年、ロックフェラー財団の研究員として欧米研修に出るまで、「岩波の子どもの本」の創刊という大きな仕事にもかかわりました。

海外での出会い

渡米の目的について書いた石井さんからミラー夫人への手紙の要約が米国のピッツバーグ大

学中央図書館に保存されていて、石井さんの欧米研修についての大きな期待が読み取れます。特に興味を持つ分野を児童文学とし、日本には児童図書館が少なく、よい本を薦める指導者がいない。そのうえ、日本語の問題から、大人が子どもの本を書くことがむずかしく、よい本が生まれることがない。米国のストーリーテリングから、やさしい言葉で表現する方法を学びたいといって、次のような要望を出しました。

・さまざまな児童図書館を見学して、その実際の運営を見たい。
・米国での子どもの本の出版の実態を見、かつ学びたい。
・大学で、児童文学とその発達史についての授業を受けたい。
・子どものために適切な本は、著者と出版者だけでできるものではないと思う。親と教師と図書館員との協力が必要ではないか。
・米国や他の国々の出版人や図書館員が児童文学をどう考えているのか、子どもたちの視点がどう反映されるのか、そしてその社会的背景についても学びたい。

こうした要望を受けて、ミラー夫人は見学旅行の日程を組みました。それは完璧な日程でした。そして、石井さんの願いはほとんど満たされたと思います。

石井さんは大都市の大図書館ばかりでなく、小さな図書館や地域の分館見学を希望し、西海岸から中西部、ニューヨーク、次いでカナダのトロントと見学の旅を続け、児童図書館サービスの開拓者から学びました。米国のアン・キャロル・ムーア、カナダのリリアン・スミス、それに英国のアイリーン・コルウェルとの出会いは貴重でした。この人たちはこの分野で働く人の誰もが、ぜひ会いたいと思う人でしたが、そのほとんどの方はもう高齢でした。石井さんはこの人たちと出会って直接その仕事に触れるという貴重な機会とともに、その人たちが育てた児童図書館員の活動に学び、さらにその次の人たちの仕事にも触れることができました。その深い交友記録を残されたことは、まことに幸せでした。

そのころの米国の図書館は建物も新しく、組織化も進んでいましたが、カナダには手作りの温かさがあり、石井さんはその両面を深く受け止めたのです。また各地の出版社では現場に座って仕事の流れを見、一人ひとりの取り組み方を実感しました。女性がそれぞれの職場で要職につき、責任を持って仕事を進める姿は日本にはまだ乏しく、帰国後、石井さんはその違いを痛感しました。こういう経験のうえで、米国での最後の三か月をピッツバーグ(ペンシルヴェニア州)のカーネギー・ライブラリー・スクールでの学習に充てたのでした。

大学院での授業

カーネギー・ライブラリー・スクールは一九〇〇年の創立で、児童図書館員にとって最も充実した学校でした。石井さんは児童図書館資料論と青少年資料論を聴講、その担当は副学部長、エリザベス・ネスビット教授で、児童図書館サービスを専門とし、また優れた著作『批判的児童文学史』（*A Critical History of Children's Literature*）の共著者でした。その執筆部分は石井さんが翻訳したビアトリクス・ポターや、ケネス・グレアムについてでしたから、石井さんにとってこのうえない担当教授でした。この人のシラバスは見当たりませんが、他の大学での講義の記録から、ネスビット教授の考え方をまとめてみました。

・子どもについて　子どもをありのままに受け取って、それぞれの年齢層に応じる本について検討する。それとともに「年齢層を越えた興味」が子どもにはあり、また大人たちにより「忘れられた子どもたちのグループ」がそれぞれの層の中間にあることに留意する。これは八歳から一〇歳までの間に特に顕著である。

子どもたちの要求は、学校の授業、本人が気づいた疑問や問題、年齢層を越えた疑問などから生まれる。図書館ではさらにその子に適した表現形式を持つ本を備えるべきである。

・本について　子どものために図書館が受け入れる本を、次の三点から考察する。

古典。いつでも子どもを惹きつける、時間の流れで洗われた本のグループ。

標準的なもの。発表されてからまだ時間がたたず、評価は確立していないが、その本が子どもたちのために十分な長所を持ち、その欠点を補うに足るものであること。

成長のための「飛び石」となるもの。古典や標準的なものに取りつけない子どもたちがまず興味を示す本として重要。この選書はむずかしいが、取り組まねばならない。図書館にある本は、子どもたちが絵本で得た読書への興味を、その後も持続させるものを選ぶべきである。

この飛び石方式は、子どもたちが興味を持つ新しい傾向の本を積極的に検討すべきだ、という主張です。これまで石橋をたたいて渡ってきた図書館員にとって、池の中に点々と見える石に飛び乗って、それがどんなものかを確かめることをするのは池に落ちる可能性があります。それでも子どもたちの感覚や好みを知るためには、定評のある古典や標準的コレクションに安住せず、積極的に新しい分野に飛び込んで、その分野を図書館の選書の対象とするかどうかを検討すべきだ、というのです。今の図書館の課題として松岡享子さん(東京子ども図書館名誉理事長）は、「誘い水となる作品群」と表現しています。

・**図書館員の役割**　図書館員とは、子どもが求める本を提供するだけではない。読書に対する興味を高め、いちばんよい本を自分で見つける感性を磨くようになるために働くのである。

子どもが自分で読んでみようという気になるために、熟練した援助を提供する。これは子どもたちを読書に導くための助言であって、読書の強制ではない。読書案内だけでは不十分。

図書館員が作り上げるコレクションは、子どもから若者へ、若者から成人へ、さらにそれぞれの境目にいる人たちに役立つことを考えて構成する。

子どもと本と図書館を考えるためには、その三つをそれぞれに流動的なものとしてとらえる。固定しているものではない。

大人が子どもの心を知り、その本に対する子どもの反応を予測することはむずかしい。試行錯誤をしながら実地で学ばなければならない。

特に児童図書館員に対しては、以下のことをネスビット教授はすすめています。

・子どもの読書について知るために、子どもの本を自分で読む。

・成人向きの本で、子どもについて書いてあるものを読む。

・子どもの本のコレクションができた後、それを使って児童サービスをするのは児童図書館員としての責任である。その責任を果たし得るかどうか、常に自分を省みる。

ネスビット教授はこれに加えて、児童文学の歴史を語り、一つひとつの作品の特徴を解き明かし、実務上の諸問題を論じ、さらにストーリーテリングの実際に至るものでした。石井さんは、それを次のように表現しています。

〔この授業で〕初めて、英語で書かれた児童文学の発生を、社会文化史的に、また客観的に見る術を学んだ。

……先生の美しい髪を見、いい声の講義を聞いていると、私は思わずうっとりとしてしまうことが度々だった。とにかく、それは、たいへん魅力的な講義といえた。私は、日本語と英語とがちゃんぽんになってしまうノートをとり、寮に帰ると、オーストラリアから来ていた図書館員の留学生のノートを借りて、ぬけたところを補充した。

（石井桃子『児童文学の旅』）

この時、石井さんは四八歳でした。芸術選奨文部大臣賞も菊池寛賞も受け、ベストセラーも出して、文名が確立してから大学院の授業を受けられた、そのことに正に脱帽の想いがします。この授業は、石井さんにとって新しいことを学ぶというよりも、ずっと考えてきたこととの共鳴音を聞く機会だったでしょう。その思い入れは深く、帰国後の活動の大きな力になりました。

帰国後、子どもたちから学ぶ

その活動は石井さんの数多くの著作から知ることができます。ここでは「かつら文庫」を開くまでの二年間の学び方と活動について概観したいと思います。

石井さんは、宮城県の農場の近く、といっても歩いて五〇分の小学校で、週一回二年間、五年生の国語の時間に子どもたちと本を読む時間を持ちました。ここから石井さんが学んだのは、子どもたちの伸びる力でした。字が読めなくても考えることはでき、読み聞かせはすぐ理解する。初めは一〇分間の朗読にも集中できなかった子どもたちが、二時間に及ぶ話を集中して聞くようになる、そして積極的に文を書くようになる、そういうことを学んだのでした。

ISUMI会と名づけた友人たちとの勉強会が始まったのも、そのころでした。メンバーは石井桃子、いぬいとみこ、瀬田貞二、鈴木晋一、松居直、渡辺茂男さんたちでした。「子どもの本」とは何か、その望ましい条件とは、を話し合い、当時の日本の児童文学を代表する作家六人の作品のいくつかを一行一行丹念に読み、考えをまとめて『子どもと文学』(一九六〇年、中央公論社)を出版。それまでの児童文学作家の間に波紋を起こしました。これに続いて石井桃子、瀬田貞二、渡辺茂男による訳書『児童文学論』(一九六四年、岩波書店)を出版しました。原書は先に述べたスミスさんによる児童図書館員養成のための講義記録 *The Unreluctant Years*(心のびやかな時代)で、児童文学作品をみるときの客観的な基準と、それにあたる人の条件を考察し、子どもの読書を考える人の必読書となっています。その原点ともいうべきスミスさんとの会話を、石井さんは次のように書き残しています。

「あなた(スミスさん)は、あのとき、ある本にクリエイティヴなものがあるとき、その本は、ほんとうの『本』になるのだとおっしゃいましたね。そして、創造性と真実をもった本を識別し、それを次の代に手渡すのが図書館の役目だって。」

(石井桃子、前掲書)

なぜ外国の本のほうが子どもたちに好まれるのか、石井さんは一九五七（昭和三二）年、自宅で家庭文庫を開いていた人たちと、このことを話し合いました。『100まんびきのねこ』（福音館書店）などがそれです。また米国で図書館学を学んで帰国した人たちを相談役として、子どもへの接し方やストーリーテリングの講習を定期的に開き、東京の公立図書館の児童担当職員と家庭文庫との橋渡しを図り、一九六五年、児童図書館研究会と合流、その蓄積を日本の図書館員たちとわけあいました。その結果、児童図書館研究会は、石井さん、間崎ルリ子さん（翻訳家）、渡辺さんを講師として研修を積んだのです。

石井さんは一九六一年の二度目の海外研修で、英国から参加したコルウェルさんの話を三回にわたって聞き、「お話は美しい」という気持ちを確かなものとして自分の中にしまい込んだ、と述べています。これが七年前の研修の時の目的の一つでもあり、また宮城県での子どもたちとの読書会から得た経験の総括でもありました。それらが皆、一九五八年から六四年に至るかつら文庫の実践の中で生きたのです。この「美しさ」については、石井さんの活動を東京子ども図書館によって継承した松岡享子さんが、昔話の語りに現れる「様式の美しさと、音楽的美しさの両方」(『子どもと本』)としています。

かつら文庫と『子どもの図書館』

一九五八年、石井さんは自宅にかつら文庫を開きました。「ごく小じかけのものであっても、子どもと本を一つところにおいて、そこに起こる実際の結果を見てみたい」という思いで始めたのです。その経験と思索とが一九六五年、『子どもの図書館』(岩波新書)としてまとまり、今は『新編　子どもの図書館』(岩波現代文庫)として、三三〇ページを超える本となっています。

かつら文庫を中心とする石井さんの仕事の全体を、ここまで深く、また広く、子どもという存在をとらえ、本とのかかわりを突き詰めて考えられたのだ、と知ることができます。

この本は、一九六〇年代後半の親たちに強い刺激を与えました。親たちは子どもたちと本との付き合いの楽しさ、明るさ、そしてそこに積極性を見出し、戦争のために本どころではなかった自分の子ども時代と比べて、新しい子どもの世界を発見したのです。石井さんをはじめ出版関係者の努力で、今日までも読み継がれる本が次々と出版されていましたから、そういう本を手にして平和の貴重さをかみしめる人、「子どもの本とは、こんなにも美しく、また面白いものなのか」と感動する人、児童図書館員になろうと思った人、子どもと本とをつなぐ仕事をしたいと思った人など、多くの人にさまざまな思いを育てました。

また、こういう本を自宅に集めて、自分の子どもたちやその友だちに読んでもらえたら、と思う人たちも出てきました。大人でも子どもでも、自分が楽しいと思うものを人とわけあおうという思いがあり、この本によって「それができるかもしれない」という期待が生まれました。

そして、自宅や公民館、団地の集会所などで、子ども文庫を開く人たちが現れました。文庫から本を借りたいと子どもにせがまれて親が活動に参加するという形で文庫が大きくなり、増えていきました。全国子ども文庫調査実行委員会による一九八一年の調査では四四五六文庫におよび、全部にどのような活動をしているかの問い合わせをして、一八七八の文庫から回答を得ました。この四五〇〇という数は、当時の全国の高等学校数の九一％です。一九七〇年代後半は、まことに文庫の時代、という感じがしました。

ここまで文庫活動が盛んになってきた時に、石井さんは一つの懸念を表明しました。一九七八年、東京で開かれた「児童に対する図書館奉仕全国研究集会　すべての子どもに読書の喜びを――あすの児童図書館をめざして」（日本図書館協会主催）の分科会に招かれ、今までの家庭文庫の経緯を説明した後で、『子どもの図書館』を出し続けることに責任を感じて、この本をとめることを考えたとし、次のように発言しています。

それというのも、あの本をきっかけに文庫を始めた人たちが大変苦労をしているからだ。……文庫に母親が肩入れをしすぎて、熱心になりすぎている。それでは子どもがかわいそうだ。子どもの読書はもっと自由にしてほしい。

（『全国公共図書館研究集会報告書』）

著者が、一時的とはいえ、自分の著作をとめることを考えるのは、とても重いことです。しかもこの本は全国に普及してなお要望が多かった、そのさなかのことでした。

この本で石井さんが伝えたかったことは、読書によって子どもたちが生き生きとしてくる、そういう読書環境を作るためには、子どもの本についての専門教育を受け、子どもたちのために働く児童図書館員が必要だ。その人たちが十分に働ける児童図書館の設立は、個人の資力と能力とでできるものではない。それを行政が認識して公立図書館を充実させ、児童図書館専門の司書を置くべきだ、ということでした。しかし実際は、その最初の部分しか理解されなかったのです。

石井さんは「あの本を読んで子ども文庫を始めました」という人が現れるたびに、いつも当惑気味の複雑な表情を見せたといいます。そういう、開拓者の思いと、それを実践したいと思う人たちとの齟齬《そご》は石井さんばかりでなく、この後の二人の方々も同様に出会った、とみえます。そこでこれはこの章の最後に、まとめて考えることにしましょう。

石井さんの志

石井さんがめざした公立児童図書館の充実と発展は、まだ実現していません。『子どもの図書館』の中の「よい子どもの本を作らないための三拍子」、つまり児童図書館が少ない、図書館員の身分が不安定、そして優れた児童図書の購入が不十分、という条件はそのままです。

しかし石井さんがそれに続けて「この現状を打ち破りそうな、何かがおこりつつあることを、ひしひしと感じます」と述べた通り、公立図書館には児童室があるのが当然となりました。そして公立図書館の数もこのころの七七三館が、二〇一七年には三二七三館に増えました。これは大きな変化ですが、そこで働く図書館員が人事異動で他の職場に回され、子どものための本の選書とサービスの蓄積が中断する状況は少しもかわらないのです。

建物は増えたけれども、内容の充実はまだです。片山総務大臣(当時)が司書の専門性を認め、図書館を外部委託から外すと発言(二〇一一年)しましたが、図書館の現場にはまだ変化が来ていません。地方自治体が以前の考えのままで、子どもの本を選ぶのはやさしい、誰にでもできると思っているからではないでしょうか。

すでに述べたように、子どもの本を選ぶには専門知識と経験と洞察力が必要です。石井さんの目標の実現には、まだまだ遠いのです。

それでもそれは、東京子ども図書館に受け継がれています。

これは子どもの読書専門の私立図書館で、図書館と子どもの本について大学で専攻し、図書館の実務に詳しい人たちが運営しています。かつら文庫をその分館とし、子どもと本とをつなぐ仕事をする大人のための資料室を備え、講演会や講座、読書会、出版などの事業を積極的に続けています。

松岡享子さんが三〇年にわたって尽力されたユネスコ・アジア太平洋地域共同出版事業、

『アジアの昔話』(福音館書店)は、各国の昔話を厳選し、さらに英語版を作り、松居直さんの協力を得て、その国の人の手になる挿絵をつけて出版されました。それによって同じ話を世界中の子どもが読めて、その国についての誤りのない挿絵を提供し、それが、どの国でも、どの民族でも、素晴らしい昔話という宝物を持っていることを読者が知り、それぞれの文化を人切にして相互理解を深める、そういうシリーズなのです。これは子どもの本が、ついにそこまでの水準に達したことを示すものと思います。これも石井さんたちが蒔いた種子の成長といえましょう。

そのうえ、適切な英訳とするために、コルウェルさんが松岡さんとともに丹念に英文原稿を改稿されたことは、石井さんとコルウェルさんの深いかかわりと、英文に対する石井さんの慎重な姿勢とが思い合わされて、感慨深いことです。

2　斎藤尚吾さんと日本親子読書センター

斎藤尚吾さん（一九一四―二〇〇一年）は、長年小学校の先生を務められました。戦後はすぐ、子どもたちや若者のために巡回文庫を開き、読書を勧めました。学校図書館活動を活発に進め、さらに生徒の家庭で親が読み聞かせをする親子読書運動を提唱。一九六七年には三三年に及ぶ教職を去って、日本親子読書センターを設立。その代表として親子読書運動を実践しました。それは子どもと本をつなぐとともに、それにかかわる親の自己教育活動でした。

石井桃子さんの『子どもの図書館』は、そういう斎藤さんに大きな感銘を与えました。後に、その感動を忘れることはできない、と自著に書いているほどです。センター代表として二〇年、その後二〇〇一年の逝去まで、読書運動一筋でした。日本親子読書センターは、今もその志をついで活動しています。

読書観はどのようにつくられたのか

一九五八年、斎藤さんは「この道ひとすじに――私の教育宣言」を三九行の詩にまとめました。それは戦時中に、戦争目的の正しさを信じ、国のために命を捨てよと生徒に教えた斎藤さんの自分への深い反省と、これからは現場の教師として新しく生きるという決意の表明でした。

ここにその詩の中から、読書教育にかかわるところを引用します。

私の教育は
「死ぬことの教育」から
「生きることの教育」へ　転向した。

自分の力で　心ゆくまで読み、
読んでは　しっかり考える。
考えたことを　はっきり書いてみる、
読書の教育が　はじまった。

そして、その読書の教育は、「今生きているところを知ろう」とする社会科の教育と、てんでばらばらから集団へ、という三本の柱を自分の教育の背骨として戦後を生きてきた。これからも生きている限り、この道を歩いていこう、と結んでいます（『點燈集――読書運動の旅』）。これが斎藤さんの生涯にわたる道でした。この「三本」とは、おそらく「読書は個人の考えを育て、社会科は世の中のしくみについて知る。さらに自分を作りながら人と共に生きる」ということか、と思います。そして斎藤さんはその通りの努力をされた、といえましょう。

学校での親子読書

小学校での「親子読書の会」は、まず、次のような形で始まりました。

・子どもの読書センターとしての学校図書館の充実と積極的な貸し出し。
・親・教師への読み聞かせの普及と、読み聞かせ用の本の選定。
・一冊の本を、母と子で読むことを勧める。高学年向きにはケストナーの作品など。

作者を囲んでの子どもと母親の集いや、低学年の子どもと母親の会などを開いて、石井桃子さんたちの研究会のメンバー、いぬいとみこさんを招きました。その『文集・おやこどくしょ』には、一年生から六年生までの子どもの母親一六人の実践記録が掲載され、親子読書が父親をも巻き込む家庭読書に発展していったことや、子どもが示す感想が親にとってその子を知る大きな契機になったことなどを報告しています。当時この学校の生徒数は一〇五〇人で、この文集に投稿した親が一六人というところに、書きたい人に書いてもらう、という斎藤さんの姿勢が見えます。

次の任地では地域ぐるみの読書環境づくりとして、学校に近い書店に協力を求めて、生徒たちが立ち寄るたびに目にするように、学校推薦の本を入り口の棚に置き、長く読み継がれてきた基本的な本や、新鮮で個性のある本を子どもの目の高さに並べることにしました。それが「すべての子どもに読書の喜びを！」、「どの家庭にも読書の灯を！」、「読み聞かせを全校に！」という、学校と家庭を結んでの読書運動につながりました。

この学校ではそのころ、「全校・詩を書く運動」や教師たちによる演劇活動や人形劇が盛んで、体全体の感覚を活発にして学び、単なる知識の吸収にとどまらない教育運動として、読書が新しい意義を持ったのでした。

日本親子読書センター

この体験のうえに立って、斎藤さんは日本親子読書センターを設立し、その代表となりました。母親という存在が子どもの成熟と成長のうえに、どんなに大きな役割を持つかを考え、学校という枠を超えて、母親たちに直接語り掛ける組織を作ったのです。それ以外の事情について、斎藤さんは何も語りません。しかし、当時、学校での読み聞かせや読書への関心の高まりについて、次のような強い懸念が親たちにも、教師たちの中にもありました。

〔学校での読み聞かせを〕子どもたちも楽しんできいているうちに、いつのまにか子どもたちが本好きになり、家庭へも借りていって読むようになった。はじめは喜んで見ていた母親たちが、こんどは他の学級にくらべて勉強がおくれるのではないかと心配になり出し、「そんな本を読みきかせたり、子どもに読ませたりする時間があったら、もっと算数や国語の書きとりをやらせてほしい」「本を読むのをやめさせて、宿題を出してほしい」などと、学級PTAで一部の母親たちから強硬な意見が出るという例。また、若い先生が年上の国語主任や教科研究部長に呼びつけられ、「学習に直接役にも立たない本を、子どもに読みきかせたり読ませたりして、そうでなくてさえ足りない貴重な授業時間をむだにしている。〔というのです〕

（増村王子編『読みきかせの発見』）

始めは親の素朴な懸念が、広がると大きな力になり、学校に批判が集まります。自由な立場で親子読書の活動を、と斎藤さんが考えたとしても、不思議ではないと思います。

一九六七年四月に発足した創立宣言の全文を掲げます。

一冊の本、ひとつの作品を親子が読みあって、そこに描かれた世界や人間について語りあい、思いを交流しあう親子読書は、もともと家庭という個人的なわくの中での営みであります。しかし「わたしの子ども」は、同時に「わたしたちの子ども」であるとすれば、個人的なものの中にとどまっていることはできません。

悲惨と荒廃の戦争をくぐって親となった「私たちの世代」は、日本の歴史の中のどの世代の親よりもかってないほど、親であることの意味と価値を問われていると考えます。だからこそ、私たちは、次の世代に何をこそ託すべきかを真剣に追求しなければならないはずです。親と子が心を交わしあう親子読書は、この社会の心の土壌を静かに深く耕すことです。

「日本親子読書センター」は、この個別的な営みに、教育文化運動としての形態を与え、より深くより広くしていく連帯としての鍬をとりたいと思います。

（斎藤尚吾、前掲書）

さらに斎藤さんは、一九六〇年代初頭の社会で、経済の繁栄が優先され、あり余る情報に囲まれる生活が全国的に広がり、子どもたちが、学校や学歴社会の管理体制、競争主義の激化に追われ、その人間的成長が阻害されてきたことが自分を駆り立てたともいえる、といっています。

一方、全国の住宅団地の新しい住民にとって、生活環境の整備は正に急務で、この環境の下での生活をみんなで切り開こうという共通の思いが生まれました。子どもの読書環境もそのひとつで、そこから「わたしの子どもは、わたしたちの子ども」という考え方が自然に受け入れられ、「うちの親がみんなの親として働く姿」を子どもたちが見ることになったのです。

センターの事業は、おおむね次のように展開しました。

夏の集会は年一回、小金井市や高尾山、その他の場所で開かれ、会員の交流と研修の場となりました。近年は国立女性教育会館（埼玉県）などで開きましたが、利用者が多く、予約を取りにくくなり、日帰りで二日間という形になりました。文庫の最盛期には参加者数が四〇〇人を超えましたが、二〇〇〇年以後は一五〇人から一〇〇人程度ながら、着実に参加者を集めています。この団体は斎藤さんを中心としてアットホームな雰囲気を持ち、上下の関係がなく、横の結びつきだけで楽しく活動している、と評価されています。「素人の泥臭さと温かさ」といわれることに反発するよりも、「あ、ホントにそういうところがあるね」と笑えるような集まりが五〇年、文庫数の減少にもかかわらず継続して、各地のメンバーの活力源となっています。斎藤さんが亡くなった後も、当初の役員や会員に新しい世話人も加わって活動を続けています。

これは稀有のことです。

また近年は、世話人の一人（前代表）がラオスで八年間ボランティア活動をし、その結果、首都ビエンチャンに図書館を設立しました。その記録やお知らせは『親子読書つうしん』に掲載されています。紙の生産量が少なく、本も少ない中で、子どもたちが識字能力を持ち、考える習慣を身につけていく姿は、見る人に強い印象を与えます。そこでこのメンバーがラオスに渡り、その持ち味を生かして子どもたちに読書の楽しさを伝え、子どもと本とをつなぐことの大切さを関係者に知らせる努力を続けています。「そこで生きるための読書」の姿勢は、モノとしての本があふれる日本として学ぶべきことといえましょう。

また、年報『親子読書の展望』、会報『親子読書通信』、『親子読書運動』を経て『親子読書つうしん』を現在刊行中。最近は五〇年を回顧する記念誌を出版しました。

「親子読書の手引き十か条」と「親子読書のすすめ十か条」

「親子読書の手引き十か条」(一九六二年)は斎藤さんが小学校で「親子読書の会」を始めた時のものです。その七年後に「親子読書のすすめ十か条」を発表しました。「手引き」は「読めって言わない読書のすすめ」という斎藤さんの考えを端的に示し、これから親子読書に取り組む人への指標として実践的です。そこで「手引き」をここに掲げます。「すすめ」は七年の蓄積による充実を示すもので、その一〇番目をこの次に紹介します。

「親子読書の手引き十か条」

①読書のよろこびを共にする

②子どもの読書は必ずのびる

③親の感動が子につたわる

④お説教の材料にしない

⑤感想はいきがあってから

⑥タイミングを考える

⑦お父さんにも読んでもらう

⑧読書の発展を考える

⑨親子で愛読書をつくる

⑩家庭文庫をつくろう

追加　読みきかせは心をこめてゆっくりと

家庭文庫から地域文庫へ、そして図書館への期待

斎藤さんの親子読書は、「十か条」を柱として始まり、これに沿う活動が続けられました。そこから、それぞれの家庭で次のような新しい発見がありました。

・親が子どもの新しい面を発見する。
・子どもが親の中に、自分を理解する大人を見つける。それが子どもの世界を広げる。
・子どもの要求を理解できない時、親がゆとりを持って考えるようになる。
・子どもが、聞き手としての自分を読み手に変えていく。
・親と子が読書という同じことをすることによって、いっしょに成熟する機会を得る。
・それぞれに、自分の好きな本があることを認め合い、親と子が読書の仲間になる。

こういうことを基礎にして、親子読書が次の段階に進むのです。

家庭内の読書から地域の読書運動に進むことは、新しい世界に踏み込むことになります。そのために十分な準備をすべきだという斎藤さんの言葉をまとめてみました。

・心の準備。なぜ家庭から地域に出て行くのか、それは子どもの読書環境をよくしたいという願いが自分の中に生まれたから。この「願い」は「私は必ずやる」と決心するまで長い時間

をかけて、「願って、願って、願う」。この点で子ども文庫活動は「内発的なもの」。自分の心の土壌を静かに深く耕し、それを周囲と社会とに及ぼす。それを手作りで、時には身銭も切って、自前の精神で進めるのが「文庫の心」なのだ、それが「手弁当」ということ。同じ志を持つ仲間を見つけて、相談し合い、「願い」を深めるのが準備の基礎になる。

・本について知り、本を選ぶ力をつける。これはお話や読み聞かせのためにも必要。子どもと本をつなぐための基本的な力がこれである。まず信頼できるブックリストや新聞・雑誌の書評、紹介文などを読み、子どもの本に詳しい人たちの話を聞いてその本の概略を知る。次にそれを鵜呑《うの》みにはせず、自分でその本を読む。さらに読み聞かせをして、子どもの生きた反応をつかむ。そうすることで、親と子の感覚のずれがみえ、子どもの要求に合うかどうかを確かめることができる。ここから本を選ぶ力が養われる。こういう手順で本を選び、文庫を開く用意ができる。

・そのための時間。この準備には少なくとも三年や四年はかかる。四年目あたりから、この仕事にかかわる本当の喜びが湧く。それまでは外に向かうよりも、まず自分の内容を豊かにしよう……。

これがこれから文庫を始めようとする人たちへ、斎藤さんからの「贈る言葉」でした。準備期間中には「準備の道具」が身近に必要です。その道具としての書評などを備え、子ども向けの本を持ち、そしてそれに詳しい人がいる[はずの]ところが地元の公共図書館です。一九六九年に斎藤さんが発表した「親子読書のすすめ十か条」の一〇番目には、読書環境をよくすることについて、次のように書かれています。

⑩家庭と地域の読書環境をよくする

親子読書をとおして、私たちは、子どもの読書環境をよくする社会的な運動に目を開いていくようになると思います。

- 子どもに自由な読書の時間を、
- 身近なところに楽しい読書の場を、
- 子どもの欲求をみたす本を、
- 子どもと本が好きで、子どもに語りかけてくれる心のあったかい人を、こういう条件を確保するためにも、親子読書をまわりに広げ、ちえと力を出し合って、子どものしあわせを守る読書運動を起こしましょう。

ここには図書館と書かれてはいませんが、その内容はまさに公共図書館の児童サービスの一部です。図書館はさらに、そのための本や資料を豊富に備え、図書館員が本と人とをつなぐ努力をします。こういう図書館があって、一つひとつの文庫の足りないところを補い、地域の読書環境をよくしていこうとする市民の努力を支える、それが行政の役割だと斎藤さんは考えたのです。

その斎藤さんに、都内のある地域の文庫の人たちが「図書館が欲しいけれど、どうしたらよいか」と相談しました。その後、その要求をまとめて行政に提出し、さまざまな苦労の結果、新しい公共図書館ができ、経験豊かな専門職館長が着任して図書館サービスが始まりました。これが先例となって、その地域が文庫活動による「家庭と地域環境をよくする先進地」となりました。

図書館づくりまで進めるのは、なかなかのことです。多くの文庫は、できることをできるような仕方で進めるほかはありません。その中で多くの文庫に共通な「文庫活動や読書会を続ける上での問題点」が浮かび上がりました。斎藤さんは、それを七つ挙げています。

「・本の入手のこと　・場所のこと　・労力のこと　・外部からの中傷　・会員間の対立　・文庫の中心的世話人が、病気とか転居などで不在になること　・運営上のマンネリズムで魅力がなくなること」（前掲書）

斎藤さんはこれに注を加えてはいませんが、二〇一八年に出版された髙橋樹一郎氏の『子ども文庫の100年』には、聞きとりと文献とによって、各地の状況が記録されています。文庫活動というのは、本当によく続けておられる、と感心するほど、困難の多い仕事なのです。

読書運動の旅

斎藤さんは「宿泊場所と交通費とを負担してもらえれば、どこにでも手弁当で出かける」といって全国各地の文庫巡りを始めました。それは北海道から沖縄、さらにはシンガポールにまで及びました。各地で斎藤さんは、大勢ではなく、膝をつき合わせて語る集まりを大事にしました。各地の文庫活動の実情をその場で知り、熱心に取り組む人たちと話し合うことは、斎藤さんの大きな支えとなったことでしょう。また、地方にいて、親子読書や読み聞かせの話を聞いても、もう一つ踏み込めなかった人たちには、またとない刺激でした。それが親子読書の考え方と活動の普及に大きな力となり、新しい子ども文庫を増やしていきました。

そこで斎藤さんは、先にあげた「心の準備」と「乗り越えるべき障害」、さらに子どもと本をつなぐ手段としての読み聞かせやお話について語り、実例を示しました。そのために必要な時間、そしてその基礎として、自分の内面を豊かに、ということを語りました。その中でも、自分の内面を豊かに、というのが中心であったことはいうまでもありません。

その読み聞かせは、本当に魅力的でした。『龍の子太郎』（松谷みよ子作、久米宏一絵、講談社）を読んだ時、斎藤さんの「オーイ、たつよぉ」という声は、技巧を凝らすのでもなく、大声を張り上げるのでもなくて、湖の周りの山襞《やまひだ》にこだまし、水の底の龍に届く力がありました。それがみんなに、この仕事の深さと、それにかかわる人の持つべき心の豊かさを知らせたのです。

斎藤さんは「パワフルな機関車」といわれていました。それはその通りですが、自分の仕事を強く反省する面を持つ方だとも思います。それは次の三つに現れています。

・私の教育宣言

これは先に引用しました。戦時中の自分を厳しく反省し、再び若者たちを戦場に送ってはならず、読書を通じて物を考える自分を作り上げることを教育の柱としたのです。米国の社会人類学者が「ヴェトナム戦争に参加して、それを正しい戦いだとし、その遂行に努力した人が、戦後、その全貌を知って深く考え直す。そこから最も深い反省と将来への展望が生まれる」と語ったことがあります。斎藤さんの反省はまさにそれでした。

・センターの代表辞任の申し出　斎藤さんが日本親子読書センターを立ち上げたころは、その考えが打てば響くように受け取られ、小さな文庫が次々と増えた時期でした。その中で斎藤さんは渾身《こんしん》の努力をされ、気力と体力を使い果たして、一九七七年、代表辞任、センター解散を発言されて周囲を驚かせました。それは生みの親として、センターの一〇年の歩みを深刻に反省されたからだと思います。その後のひと月に及ぶ「自分をとらえ直す旅」の結果、次の一〇年間、代表を続けられました。センターにとっては幸いでしたが、斎藤さんご自身は、その後も辞任を強く求められたようです。

・沖縄への関心　斎藤さんはご自分の柏タンポポ文庫の本を沖縄に寄贈したいと考えられ、私にもその活動に参加しないかと声をかけられました。でも斎藤さんの「読書運動の旅」は全国に及んでいます。その中でなぜ沖縄を選ばれたのか、わかりませんでした。

ある日、その疑問が突然氷解したのです。それは私が石垣島に行く時のことでした。飛行機が沖縄本島の上を飛んで、全島を一望した時です。不意に、かつてこの島を米軍の艦艇がとりまき、艦載砲の巨大な弾丸を撃ち込み、その後に圧倒的な火力を持つ兵士が上陸した光景が思いうかびました。なんという苛酷な、と思った時に、斎藤さんが考えたことはこれではと、頭をよぎりました。「教育宣言」に述べた反省を一生持ち続け、今もなお米軍基地が数多くある沖縄を考えて、蔵書寄贈となった、と思い至ったのです。自分の蔵書を贈るとは、自分をそこに送り込むほどの思いだったでしょう。沖縄の方々の尽力で、斎藤さんの本は文庫や図書館に収まり、子どもや親に提供されることになって、斎藤さんは満足されたと思います。

センターの集会で、代表として演壇に向かう斎藤さんの後ろ姿を見送りながら私はいつも、「この方の首の骨の硬さを支えるのは何だろうか」と思っていました。反省に裏づけられた信念であることは先に述べましたが、もう一つ、あるいはこうかと思うことがあります。

論語の中にある孔子の高弟、曽子《そうし》の「自分は日に三度、自分を反省する」という言葉です。師範学校時代にこの言葉に触れ、それが斎藤さんの内面に深く根を下ろしていたのではないでしょうか。特にこの後に続く「自分がよくは知らないことを人に伝えたりはしないか」（伝不習乎）という言葉は、人の前に立つ立場の者にとってまことに厳しい言葉です。それゆえのセンター代表辞任の申し出であったか、と思います。まったくの想像に過ぎませんが、それでも斎藤さんという方は、私にとって、こういう思いを起こさせる、大きな存在でありました。

3　親子読書地域文庫全国連絡会と広瀬恒子さん

親子読書地域文庫全国連絡会（略称、親地連《おやちれん》）は、一九七〇年四月、東京で結成されました。その準備の中心となり、結成数年後から会を代表し、その後も活動を支えてきたのが広瀬恒子さんです。

広瀬さんと公立図書館

広瀬さんの「親子読書」は、一九六六年、自宅から歩いて一五分のところに区立図書館が開館したことが契機となりました。そこの児童室で、二人の子どもと絵本を楽しんだのです。

ちょうどその前年、東京の日野市に市立図書館が開館。住民の知的権利を保障するという目的で、八万の人口に一〇〇〇万円の図書費で本を集め、貸し出しに重点を置いたサービスを始め、それが近隣の市や区に大きな影響を与えました。広瀬さんが親子で通った区立図書館も、そのころは珍しかったリクエスト・サービス（市民が求める本が貸し出しされていれば予約をし、所蔵していない場合は、他の図書館から借りたり、購入したりして提供する仕事）を始めていて、広瀬さんも国立国会図書館の本を取り寄せて読みました。まさにこのころが、戦後の日本の公立図書館運動の黎明期だったのです。

この図書館で開いた子どもの本の講座の講師が、増村王子さん、代田昇さんで、ともに都立教育研究所で子どもの読書について研究と実践を続けていた方々でした。その受講者が集まって、一九六八年、この区の親子読書会が生まれます。また、区の地区会館を会場に「なかよし文庫」という地域有志による子ども文庫ができました。

広瀬さんは毎週水曜日ごとの文庫に出かけ、「文庫のおばさん」として子どもたちと本とをつなぎながら、子どもたちから多くのことを学びました。子どもの性格は決してひと色ではなく、光と影とが同居していることも文庫で子どもたちと触れ合ってはじめて知り、子どもたちを長い目でみることを学んだのです。また子どものための本が、親から子へ、そして孫へと読み継がれて、しだいに準古典的作品になっていくことも経験しました。そして一人の子どもが文庫に来なくなるのは、その子の自立の時であり成熟と成長の証でもあることを知ったのです。

一九六七年には、子どもの本の作家や研究者、教師、保育者、図書館員、文庫の人たちで、日本子どもの本研究会が結成されました。広瀬さんもこれにも参加、これまでの学びを深めるとともに、この会の人たちとその経験をわけあい、会の充実と発展に努めました。

個人の読書から読書運動へ

そういう広瀬さんにとって、親子読書とはどう見えたでしょうか。それは、①一冊の本を中にして、親と子が共通の世界を体験し、読む楽しさと温かい人間的な心の交流を大事にする営みであり、②親子読書から始まって本のおもしろさを知った子が、自分で本と触れ合うことができるよう、子どもの身近な生活圏に、自由に本を読むことができる場が必要である。③さらに、読み聞かせ、お話、ブックトーク、紙芝居など、子どもが本の世界のおもしろさを知るきっかけづくりや手助けをすることが必要だ、と考えを深めたのです。

そのためには、子どもを大人のひな形として見るのではなく、どんなに小さくても、一人の人間として人格を持つ存在であり、自分の論理によって行動するものだ、と認める。つまり子どもとは、新しい行動のパターンを自分で獲得しながら大きくなっていく存在であり、その内面のさまざまな性格は大切に扱われなければならない。こう考えたことが、後に広瀬さんたちが「子どもの権利条約」を受け止める時の基礎となりました。

そして、慎重に選ばれた本のコレクションがあり、そこで子どもたちが本を読む時間が確保されている。そして、子どもの読書の自由が守られる。さらに、本を子どもの周りに置けばよいのではない。本のおもしろさを知るためには、大人の周到な手助けが必要。そのために大人が本の選び方や援助の仕方を深く考え、学ぶ必要がある。読書運動とは、「本を読むっておもしろいなぁ！」という喜びを、一人でも多くの子どもたちに経験してほしいという願いを持った自主的な市民活動なのだと、考えたのです。

個人の読書から読書運動に進んだエネルギー源は、伝統童話から解放された現代児童文学が母親たちに与えた新鮮な感動と、その熱い力とであった、と広瀬さんは回顧しています。読書運動から学んだことは、本当に大きかったのです。

親子読書地域文庫全国連絡会の成立

一九六九年、日本子どもの本研究会主催で、第一回子どもの本と児童文化講座が開かれました。その分科会「地域と親子読書」に参加した人たちが、子どもの読書環境充実のために、母親、教師、図書館員が交流し、地域に根ざした活動の輪を広げたいと考え、「親子読書地域文庫連絡会」を立ち上げたのです。

親地連成立とその目的を、会則(一九七〇年四月)の前文はおおむね、次のように述べています。

近年、地域を中心とした親子読書会によって子どものために良い本を普及しようとする人たちが増えている。映像文化の普及と出版傾向の影響とによって、子どもの考え方の直截《ちょくせつ》化や衝動的な行動が懸念されている一方で、日本の優れた創作児童文学が生み出されてきた。それらを読む子どもたちの成長は目覚ましく、その普及には母親たちの積極的な活動と、そこから生まれた心の解放とがある。これは日本の児童文学史の新たな発展として大きな意義を持つ。

　この新しい傾向を進めるのには、われわれ大人や、政府、地方自治体の考え方は立ち遅れており、その対応も暗中模索の状態で、せっかくの発展が尻つぼみの心配がある。その解決のために、相互の事例交流と、全国的なより一層の普及と運動の発展を願って今日に至った。幸いに親地連が成立し、この運動が日本列島のすみずみに深くしみ込む日まで、焦らず、おごらず、粘り強く押し進め、量的にも質的にも組織を強化発展させたい。


　そして、会則で、この団体は子どもの読書に関心のある団体および個人によって構成され、それぞれの個性を尊重し、相互に連絡提携して、子どもの文化向上に寄与する、としています。会報『親地連ニュース』を一九七〇年五月から一九七一年七月まで（第一〜一三号）、『親子読書』を一九七一年八月に創刊（親地連編集、月刊、一九八三年三月、第一三九号まで岩崎書店から発行）。次いで『子どもと読書』を自主的に発行し、『親子読書』の巻号を継承。一四〇号から二九六号（一九九六年四月号）まで月刊、以後現在まで隔月で刊行しています。

　会報を自主的に編集し、発行することに切り替えて半世紀近く継続していることは、執筆者の層が厚くなり、親地連を支える人が増えてきたからでしょう。その内容は、子どもを生活圏全体の視野に置いて、適切な本の条件、今出ている本の傾向、子どもと本とを自然に結びつける方法、それにもとづく選書の実例が語られ、さらに毎号、子どもの生活に直結する切実な問題について、親地連としての考え方を表明しています。それは、戦争と平和のこと、子どもの権利条約、実生活の中での子どもの権利、読書の自由、またこれまではとりあげられなかった「性」のこと、漫画、映像資料のことなどに及んでいます。毎年一回、子どもの本の動向を記録して五〇年に及ぶのも大きな特徴です。そしてこの編集には、常に、子どもの読書を考えようとする人たちの役に立つことを念頭に置いている、という強い印象を受けます。

これに加えて、読書活動を進めるうえで必要な本のリストや実践の手引き、あるいは子どもの読書環境の改善を願って行政に提出した要望、請願、陳情、図書館への働きかけなどの文書をまとめて、資料集として出版してきました。

講習会の初期には親子読書指導者養成講座という名称でしたが、それが親子読書セミナーとなり、さらに親子読書経験交流会に変わりました。この変化は象徴的です。会が成立した一九七〇年代初期には、さまざまな性格の読書運動があり、子ども文庫についての考え方も多様で、まさに暗中模索の時でしたし、子どもの読書は「指導をするのが当然」という考えの人もありました。それが時とともに、「読書運動とは、指導者が上から教え込むのではなく、一人ひとりの子どもに寄り添う人、つまり同行者となることだ」と変わってきたのです。

そこで講習会やセミナーを主催したり、他の団体と共催したりしてきました。例えば児童図書館の充実と児童図書館員の専門職化は、先にも述べたように石井桃子さんの提唱から五〇年以上たってもなお実現していません。そこで図書館問題研究会と共催事業をして、この問題を考え、児童図書館研究会と協力をしてお話や読み聞かせの研究をしています。

定期総会と全国交流集会は二年に一度の開催です。討議された結果をアピールや要望書にまとめて、関係機関に提出し、出版します。交流集会の参加者は三〇〇人から四〇〇人を超え、子どもの読書と図書館についての理解を広げています。

子ども文庫の活動は子どもを知り、本について知るだけで精一杯です。それでも子どもたちの読書への関心に応え、地域の読書環境を育てるのには、行政と議員の理解が不可欠です。そこで陳情や請願をして図書館の充実を要望しました。文庫活動の実践からみるとまったく異質で、苦しい仕事でもありますが、子どもの読書環境の向上のためには必要でした。市民と行政・議会とのあいだに相互理解を生み出すのには、長い時間が必要でした。そのためのエネルギー源、情報源が親地連でした。この努力が各地に公共図書館を増やす機運を作ったのです。

この組織は、各地で読書活動をしている人、地域の文庫活動連絡会の代表、さらにこれから始める人たちを会員として、全国的な連絡組織となりました。活動の主体はそれぞれの文庫であり、親地連自身は緩やかな輪となって、個々の活動ではできないことを、みんなで考えることになったのです。会員の中には、こども劇場や親子映画の会など、さまざまな活動の経験者がいて、その経験と知識とが親地連の活動を活発にしました。

子どもの読書運動の理念

子どもの読書の多様性を維持しながら、常に基本を確かめてゆくのが親地連の課題でした。『子どもと読書』にみる毎年の活動の記録は、単に親地連の活動報告にとどまらず、理念の追求も含めて、この活動全体の定点観測ともいうべき貴重な記録となっています。

親地連の基本理念は「すべての子どもに読書の喜びを」です。子どもたちは読書によって人間としての思考力を育て、自由で楽しい創造の世界に自分を解放する可能性を持っている。それを育てる機会は、どの子どもにも保障すべきものです。そこで「すべての子ども」なのです。それは「子どもの権利条約」（一九八九年国連総会採決、日本での批准は一九九四年）に示される基本的な考え――子ども一人ひとりが権利の主体者として平等な権利を持ち、それを育てるためにプライバシーと読書の秘密が守られる――ことと通じ合います。つまり、この仕事は、単なる「本読ませ運動」ではなく、一人の子どもの読書環境を豊かにし、それを社会的に支えていく文化運動であるという共通理解に立っているのです。

4　その先に

子どもと本をつなぐ

一九七〇年代、読書運動の初期には、子どもたちの読書欲は目をみはるほどでした。しかし八〇年代には、子ども人口の減少、遊び場所と仲間が少なくなっていくことなどから、読書への意欲の後退が目立ちました。子ども文庫の利用も高学年から低学年に移り、九〇年代には幼児中心となりました。読書よりも、もっと刺激的な楽しみがゲーム機器による音声や映像で提供され、そのうえ塾通いや習い事の増加、児童書の出版不況、超早期教育をめざす教育産業の進出など、さまざまな要因が重なって、文庫数は減少しました。それでも新しく子ども文庫を開く方も、今日まで文庫活動を続ける方々もあります。それは『子どもと読書』に随時掲載されています。

子どものための本の出版について広瀬さんは、五〇〜六〇年代に出版された松谷みよ子、後藤竜二、古田足日《たるひ》氏らの作品を七〇年代に読み、そこに人間の尊厳と精神の自由の尊重とを見出し、子どもにとって面白い本とは何かも学んだそうです。『龍の子太郎』のように、自分の意思を持ち、さまざまな体験を通して成長する子どもの姿は、それまで子ども向きとされた本とは違いました。

ところが八〇年代に近くなってくると、出版点数は増えても心に響く本が少ないと感じるようになり、人間の真実や可能性に夢を抱くような作品よりも、娯楽的な作品、安易な姿勢の本が目につき始めたのです。そのうえ、創作児童文学に選ぶべきものが少なく、佳作とされた作品の命が短いという懸念が生まれました。

一方、今まではタブー視されていた家庭問題や性のことに取り組んだもの、すぐれた作品の復刊なども増えましたし、それぞれの本のテーマを今までとは違う多面的な角度から扱ったり、あるいはさまざまな編集手法を使って理解をすすめたりなど、いわゆるボーダーレス化も進みました。

他方、七〇年代には、多くの母親たちが子どもに本を手渡すことと、その供給を確保するために各地で図書館の充実や新設を熱心に求めました。八〇年代になると、子ども文庫に通う子どもの数が減少し、そこから「子どもと本とをつなぐ」ことの意義と、これからどうするかを考え始めたのです。その結果、各地での連絡会活動を活発にして情報を交換し、相互協力を進め、子どもが来なければ、こちらから出かけて行こうという積極性が生まれました。これを出前型と呼んで、学校、図書館、公民館、保育所、児童館、病院、視覚や聴覚などが不自由で図書館利用をしにくい人々のところに出かけることが始まりました。そして、最初は文庫のお手伝い、と思っていた人たちが、自分に何ができるか、何をしたいのか、と考え、行動するように変わりました。それはこの活動の成熟ともいえましょう。

聞き上手になる

九〇年代から二〇〇〇年代にかけて、読み聞かせやお話し会の活動に参加する人が増えました。そこで、この新しい人たちと今までの文庫の人たちとを含めて、「読書ボランティア」という名称が生まれました。異論はありましたが、「すべての子どもに読書の喜びを」という目的と、それを「自分の意思で、自分の時間とお金とを使い、そして子どもたちのために働くことで自分の存在を確認する無償の働き」という共通性にもとづいて、この名称が決まりました。

二〇〇〇年代になって、国や自治体のボランティア活動促進事業が始まり、受け入れ側からの要請も増えました。これは大きな変化です。

しかし実際には、受け入れ側に「子どもと本をつなぐ」ことのはっきりした方針がなく、「子どもたちが楽しむだけでいい」といわれるだけでは、子どもたちの様子もわからず、お話や読み聞かせの本を選ぶことさえできません。受け入れ側の方針があり、実態の把握があってはじめてボランティアとしての協力ができるのです。

一方、今までの文庫の人たちは、文庫の子どもたちから子どもの読書と大人とのかかわりを学び、それをわけあって自分を育てました。しかし今はその機会に乏しく、それをどう身につけて、読書ボランティアとして働くことができるかが大きな課題となってきたのです。

これに対して広瀬さんはまず、「聞き上手になることだ」といいます。人の話を聞き、学ぶべきことをとらえ、自分を深めていく、そのことで相手の言葉の意味をより深く受け取れる、つまり「聞き上手」とは「学び上手」であり、深い読みができる「読み上手」なのです。それで養った力によって本を深く読みこみ、本を選ぶ力を育てます。「選書」という仕事は、とても力のいる仕事で、広瀬さんは「本を選ぶ目を鍛える」ともいいます。読み聞かせやおはなし、ブックトークなどは、その時の条件を判断して適切な選書をし、本と人とを結びつけるのですが、その基礎は選書の力なのです。その力を身につけ、その視野を広げるために、親地連としては集会や研究会を開き、出版活動を進め、共通課題についての意見の交換をしています。

制度は充実してきたが

一九九〇年代の半ばから、国や自治体、出版産業、子育て支援組織などの動きが活発になりました。まず国際児童年（一九七九年）、子どもの権利条約、さらに国際識字年（一九九〇年）、子ども読書年（二〇〇〇年）と続きます。この年には国際子ども図書館が国立国会図書館の分館として東京の上野に開館。「こどもの読書活動の推進に関する法律」が制定（二〇〇一年）され、「子どもゆめ基金」も発足して、さまざまな活動の資金源となりました。「子ども読書の日」を四月二三日と定めたのも、この年です。それに続いて「文字・活字文化振興法」（二〇〇五年）が制定され、法律にもとづく事業をおこなう団体がいくつも結成され、子どもの読書振興行事も全国的に実施されました。

学校図書館について文部科学省は「学校図書館図書整備五カ年計画」を発表（一九九三年）、その推進会議も結成され、二〇一七年度からはその第五次計画に至っています。学校図書館法は一九九七年に改正されて、四四年間「置かないことができる」とされた司書教諭が一二学級以上で必置となりました。二〇一四年には学校図書館法の中に学校司書を「置くよう努めなければならない」という文言が入り、それまで法的根拠を持たなかった学校司書という職名がはじめて公認されました。まだ努力規定で必置には至りませんが、しかし学校司書を置く学校は増えています。

こうみてくると、子どもたちの読書生活を保障する制度は充実しているようです。ここまで来るのには、議会へのロビー活動とか、請願、陳情、要望など、さまざまな努力がありました。

図書館活動や学校図書館に関心を持つ議員の数も増えました。

　しかし広瀬さんは、そうみえたとしても「果たしてこのエネルギーが本当に子どもと本とのよい出会いを作っていくのだろうか。それを確かめたり、問い直したりすることが必要ではないか」といいます。「肝心の土台を支える公共図書館や学校図書館については、向かい風が吹いている」、つまり公共図書館の民間委託、司書の他部局への配置転換、大幅な予算削減などがおこなわれています。学校図書館については、学校司書の待遇や地位が不安定で、専門性を蓄積しにくいという困難があります。つまり方向は示されていても、それが現場には届いてはいない。学校図書館図書整備五カ年計画も、その経費が地方交付税として措置されるため、その金額がそのまま学校図書館に使われるとは限りません。各自治体がそれを予算化する必要があります。まず教育委員会と首長とが学校図書館を整備する決意を固めない限り、このお金は他所に流れてしまうのです。

　そこで親地連としては、学校図書館の充実を繰り返し要望し、このお金が学校図書館にきちんと届くように関係者の理解を求めています。政府や自治体のキャンペーンがどんなに頻繁におこなわれても、そこで働く人のことを抜きにしては、土台ができ上がらないのです。

こうした現状にもとづいて、親地連の活動方針の基本は、次のような点にあると思います。「すべての子どもに読書の喜びを」に立って、現在の多様化への対応を考える。そのために、①より深く広い見方を共有するため、多様な読書活動間の交流の場を設定する、②読書活動をすすめるうえでの共通の問題点について、社会的にアピールし、理解を広げることに努める、③選書、読み聞かせ、ブックトーク、お話し会などの方法や実践記録などをまとめて出版し、この活動の考え方と技術の普及を図り、聞き上手になる。

厳しい注文

こういう理念と実践とを持つ親地連ですが、発足後わずか二年の定期交流集会の講演で、作家の長崎源之助さんが、次のように提言しました。これが「親地連三十周年記念誌」に記録されていることは、この提言をいかに重く受け止めたかを示すものと思います。

私たちの運動に、本さえあれば子どもは豊かに育つのではないかというおごりにも似たものがありはしないだろうか。私たちのこの運動は、井戸端会議の楽しさを子どもたちに与えてやることではないか。私たちは文庫のおじさん、おばさんになろう。

（『子どもと本をむすんで――三〇周年記念誌』）

これは非常に深い意味を持つ表現で、聴き手にも、またこの記録の読者にも深くしみこんだと思います。今日「井戸端会議」は死語となりましたが、これは、水道も普及せず、テレビもなく、何軒か連なった長屋に共同の井戸が一つ、そこに主婦たちが集まって、水を汲み、洗い物をしながら世間話をした、という時代の言葉です。それが情報交換や新しいことを話題にする場でした。長崎さんはそれになぞらえて、子どもの本と読書とについて、子どもと大人とが自由に話し合い、お互いに学びあい、楽しさで目の覚めるような思いをみんなでわけあうのがこの集まりであるはずではないか。それを「上から目線」にしてはいけない、と、言葉を選びながら表現されたのです。

なぜもっと直接的な表現をしなかったのでしょうか。ここに集まった人たちは子どものための読書運動に、自分の時間と、労力と、自費とで、無償の努力をしています。子どもたちの笑顔だけを楽しみにして一所懸命なのです。長崎さんは、その人たちの気持ちを傷つけないようにひと時代もふた時代も前の表現を使ったのでしょう。そうまでしてもあえていわなければならないこと、それは親地連だけではなく、文庫活動全体に通じる共通課題の指摘であったと思います。それをこの章のまとめとして考えることにしましょう。

文庫活動が直面する共通の課題

まず、設立者の懸念があります。それは活動の先頭に立った人と、その道を一緒に歩く人たちのあいだに、微妙な食い違いが生まれたからだと思います。石井さんは、『子どもの図書館』を出さないといわれ、斎藤さんは日本親子読書センターの解散と代表辞任を洩らされました。広瀬さんは、長崎さんから、やんわりと、しかし非常に厳しい意味を持つ、おごりがありはしないかという言葉を聞きました。

この極めて似通った現象がなぜおこったのか。それぞれの発言を考えてみると、一つの共通点が見つかります。それは「発足当時の基本的な目的を忘れず、子どもの読書環境の向上という目的をしっかり見据えて、その時どきでの展開を考えよう。その展開の多様さのために、本来の目的を見失ってはいけない」ということではないでしょうか。それにもう一つ、その方たちの基本姿勢を考えると「学ぶ姿」が浮かびます。子どもの読書については、子どもから学び、子どもの本について学び、子どもと本とをつなぐ方法を学ぶ。それなしに子どものことに手は出さない、という、厳しい姿勢です。

実際、文庫活動の初期には非常なエネルギーの放出がありました。子ども文庫とは新しい世界で、子どもも大人も、それぞれに日常生活から自分を解放し、新しい自分を発見しました。それは大きな喜びでした。文庫に熱心になり過ぎたとしても、長い目でみれば一過性のものだったといえましょう。読み聞かせをすれば、子どもたちが喜んでくれる。それをみて、自分が今まで知らなかった大きな喜びを得たのですから。

しかしその喜びの大きさから、「自分が楽しむこと」が目的になるとか、その文庫の限界を超えて活動の幅を広げるとか、あるいは文庫活動こそが至上であって、それに疑問を抱くべきではないと考えたりすると、「学びの姿勢」が消え、「すべての子どもに読書の喜びを」という本来の目的から外れてしまいます。それが設立者の大きな懸念だったのではないでしょうか。

なぜそういうことが起こるのか、一つの理由は子どもの反応にあります。それは即時的であり、また直接的です。面白くなければすぐに態度に表れます。テレビの番組やゲーム機器の強い刺激に慣れた子どもたちが素話《すばなし》(道具などを使わないで語ること)に物足りないと思うことは想像できます。

一方、大人の会員のほうには「子どものことはやさしい。誰にでもできる。自分もその時代を経験したからわかる」という思い込みがあり、「子ども文庫には深い思考や能力は不要で、自分の好きなようにやって、子どもが喜びさえすればそれでよい」。そして、「子どもが楽しむのを見るのは楽しい。楽しいからやっていることに、他人は口を出すな」という人もいました。実はこれは、文庫活動の初期だけの問題ではありません。人が替わるたびに同様な問題が起こり、文庫の世話人たちはそのたびに苦労をしてきたのです。

目的を外れた活動について、実にユーモラスな対応があります。それが広瀬恒子さんの『読書ボランティア―活動ガイド―』に出ていましたので、まとめてみました。

- 自分が前もって読んだ事のない本を読み聞かせる。
- 自分の感動を子どもたちに押し付ける。
- ただ楽しいからやっているのだから、面倒なことはしたくない。
- お話の仕方なんて、自由にやればよい。

・子どもたちに感想文を書かせる。

このような様子がユーモラスに描写されていて、最後に「方向のずれた熱心さと善良さだけでは、こんな〝困ったちゃん〟になってしまいます」と締めくくります。このセンスは見事です。人のことを笑った後に、自分はどうなのだろう、と考えさせてくれるからです。しかも、これはどこでもあることです。そしてこのことは、今後、文庫活動の経験を持たない「読書ボランティア」が増えるにつれて、大事な問題になるのではないでしょうか。

行政のかかわり方

このように、子どもの読書にかかわる団体は今まで五〇年にわたり、自分の意思にもとづいて子どもたちに読書の喜びを伝えようとしてきました。それが今、子どもの読書振興法にもとづく政策として、「家庭の読書」などと呼んで、行政が音頭をとる時代になりました。国の政策の中に子どもの読書振興が入ったのは、それだけ大事なことと認識されたのだと思います。ただ、今までの傾向でみる限り、行政がかかわるとその結果が統計で表せる方向にだけ向かう懸念があります。

読書とは一生のことですから、それが本当に子どもの読書の楽しみにつながるのかどうか、じっくり考える必要が出てきました。読書とは、それをしたからこれだけの効果があったとはいえない、内面的なもので、数量化はできないのです。

行政がかかわることとは、子どもたちが本を自由に手にする環境を作り、そこで子どもと本とを結びつける人を育てることに力を尽くすことではないでしょうか。

本とは、それを人と結びつける仕事をする人を必要とするものなのです。こういう人の援助を受けて、子どもたちは情報や知識を活用し、自立して生きる方向に進みます。そしてその子たちの将来の努力によって、その自治体や国の活力を生むことになるでしょう。そういう長い時間のかかる仕事を育てるのが、国や自治体の役割ではないでしょうか。

もう一つ、子どもの読書を国が振興するといいますが、大人が読まずに子どもに読めと言っても、子どもが読む気になるでしょうか。「本を読む大人の姿」が子どもにその気を起こさせるのではないでしょうか。

今後「すべての子どもたちに読書の楽しみを伝えるのには」を考えるために、それを開拓してきた人たちはなんと言うでしょう。石井さんは「どういう状況になっても、子どもは本を読むべきだという私の立場は変わりません。それをすべての子どもたちに広げるのには、公立図書館と学校図書館を充実すること、ことにそこで働く人のことを考えることです」と言われるでしょう。斎藤さんは、今だからこそ、「読めとは言わない読書のすすめ」が必要。それには、本を通しての心のつながりを家庭で育むのが大事、と言われるでしょうし、長崎さんは「その時、その人に応じての同行者でありたいね」と答えられるのではないでしょうか。そしてそこに現れるのは、自分で感じ取り、考え、そして行動できる子どもの姿です。

いま私たちは、石井さんの思いの結晶である東京子ども図書館（公益財団法人）を持ち、さらに国の機関として国際子ども図書館を持っています。家庭の中で親が持つ強い感化の力の大きさは、日本親子読書センターの努力でしっかり継承されていますし、文庫の大人たちの努力を、読書ボランティアという形でとらえ直し、それを確かなものに育てていこうとする親子読書地域文庫全国連絡会の実践を身近に感じることもできます。

そしてその基本には、子どもの読書について学び、それをわけあい、わけあった結果からさらに学ぶというサイクルがみえてきます。これを忘れると、別な道に踏み込むことになるのではないでしょうか。

民間に本と人とをつなぐ可能性があるとすると、それを専門とする「はずの」図書館員は、何をもって自分たちの柱とするのでしょうか。次の章ではそれを考えたいと思います。

第三章　新しい図書館像を創る

1　国の制度が変わった

「十五年戦争」といわれた日々が一九四五年八月にやっと終わり、毎朝「今日こそ自分の最期の日」と思って空を見上げることがなくなりました。明るいところで本が読めるようになり、人々は読むべき本を探しました。しかし大都市の図書館は戦災にあい、特に東京では日比谷図書館をはじめ一〇館以上が焼失してしまったのです。それでも人は友だちと蔵書を読み回し、青年団の巡回文庫や地域の読書会に参加して、自分の拠り所を確かめようとしました。

読書への強い欲求は、戦後の日本だけのことではありません。文化革命終結（一九七七年）直後の中国の図書館訪問でも、また一九八九年の東欧諸国の変革後の図書館でも同様でした。私たち見学者が図書館の中に足音を忍ばせて入って行くと、満員の読者たちから、読書への集中を妨げるな、という厳しい視線を浴びせられたものです。不安定な時期にこそ、確かなもの、新しいものを求めて人は読書をする、その姿がそこにあったのです。しかし、長い間思想統制が続いた後の図書館は、新しい資料をすぐに提供することができません。そこで読者は、それ以前の蓄積の中に、不変なもの、確かなものを求めて読書をすることになります。その不自由さの中の強い意欲こそが、創造につながる、と思ったことでした。

図書館法ができる

この意欲に真摯《しんし》にこたえたい、と当時の図書館員は考えましたが、府県立図書館や都市の図書館が戦災を受け、残った図書館は戦後処理と連合軍総司令部（ＧＨＱ）への対応に追われました。そこに新しい文化政策の一環として図書館法を起草することになりました。

それまで図書館に関する法令としては、図書館令（勅令、つまり天皇の命令）だけでした。国民の代表が審議し、図書館の法律ができるのは、まさに画期的でした。そこで文化国家建設のための新しい図書館像を個人、有志グループ、図書館員の集会で討議し、それを日本図書館協会でまとめる動きが始まりました。新しい教育行政の中に社会教育と文化振興の機関として図書館を位置づけ、義務教育と同様に各地方自治体の義務として図書館を設置。各館に国庫補助を求め、各県に図書館間の連絡調整機関として中央図書館を置き、図書館員養成機関を整備して専門職員を養成し、その職責にふさわしい待遇をすべきだと考えたのです。

当時の日本は、ＧＨＱの占領下にありました。この司令部の民間情報教育局には、社会教育の専任担当官が駐在、ついで、図書館担当官として米国有数の図書館専門家が着任、日本の図書館事情を調査し、必要な助言、指導をおこないました。米国では一九世紀半ば以来、図書館の役割が広く認められ、図書館員の養成も進み、世界でもっとも豊富な蔵書を持ち、使いやすい図書館を数多く持つ国として知られていました。日本の図書館関係者は明治時代から米国に出かけて図書館を見学、さらに図書館学校で学んだ人もいました。

また国内では米国の図書館学の技術を研究しました。それは個人の努力でしたが、戦後は、国として世界の図書館文化に向き合うことになったのです。一つの文化は、異文化との出会いと相互の交流とによって進歩するといいますが、日本の図書館界にとっては正にその時を迎えたのです。そして新しい図書館法が生まれ、今日まで図書館を考えるための基礎となりました。

占領政策の初期は理想を追います。そのため、米国人の社会教育担当官にも図書館専門官にも人を得て、適切な助言をおこないました。また、米国の図書館界は日本の図書館への援助や助言を続けました。そこには同じ仕事の仲間という職業人としての意識がみられます。国立国会図書館は米国議会図書館をモデルに構想されましたが、その構想に向けての助言にも、慶應義塾大学に開設された日本図書館学校にも、またロックフェラーその他財団からの援助にも、そのことが強く現れています。

ただ、その後の占領政策は軍事と経済性とに傾き、現実路線をとります。図書館法草案はこの流れの中でまとめられました。特に当時の経済事情から、この図書館法には予算措置が伴わず、理念の強調にとどまる、と批判されましたが、それでもその理念は今に生きています。

その特徴

まず図書館とは、国民の教育と文化の発展に寄与するものと定め、図書館の設置と運営について規定しました。①「図書館奉仕」（今は図書館サービスと呼ばれる）については土地の事情や住民の希望に添い、学校教育を援助できるように考えて、本や記録などの図書館資料を集め、整理して利用に供する。②図書館員は資料についての十分な知識を持ち、その利用のための相談に応じる。③また他の図書館と協力し、相互貸借をする。④分館や自動車図書館などを活用して利用の便を図る。⑤読書会その他を開き、時事についての参考資料を紹介し、提供する。そして⑥学校や他の機関と協力する、としました。図書館奉仕という言葉が、初めて図書館の世界に現れたのです。

これは、公共図書館サービスについての規定でしたが、館種の別を超えて、図書館とはこういう性格のもの、と受け取られ、その後、各種の図書館の役割の具体的な指標となりました。

また、公開された知識や情報はすべての人の共有財であり、したがって無料で使えることになりました。義務教育が、すべての子どものためであり無料であるのと同じです。他の社会教育施設の場合、「維持運営のためにやむを得ない事情がある場合は、必要な対価を徴収することができる」という条文を含みますが、図書館法にはこれがありません。いつでも、どこでも、誰にも無料であることが、この国の教育と文化の発展に不可欠な条件であり、義務教育と同様、国民の学ぶ機会と読書の自由とを保障したのです。これは大きなことでした。

そして、図書館に置かれる専門職員を司書と司書補と称する、として、新しい図書館学教育が始まり、新しい司書たちによる図書館の近代化が開かれました。大学での図書館学開講がまだ少なく、多くの人が講習によって「司書となる資格」を取得しました。

これは、すでに一つの分野の知識を持つ人を図書館界に迎え入れるという効果がありましたが、講義内容について自分で考える時間が少なく、専門職の養成には十分といえませんでした。

今日では図書館学の学部課程、修士課程、博士課程があり、学位を得ることもできます。その一方で講習も続いています。これには図書館の現場で働く人が今日の図書館の基礎的な知識と専門能力を求めて参加するという実態があり、講師は短い時間の中で実質的な授業をしようと努力しています。それが受講生に伝わり、図書館をより深く理解する貴重な機会ですが、この仕事の専門職の養成としては再検討が必要でしょう。学校司書がやっと制度化されましたが、図書館の持つ力のすべてをあげて学校教育の充実をめざすには、養成課程での新しい対応が必要です。

すでに司書となる資格を取得し、十分な実務経験を持つ人たちには、日本図書館協会が審査する「日本図書館協会認定司書」の資格があり、大学図書館や専門図書館それぞれに資質の向上を図っています。

一方、国の人事政策から専門職制度が外され、図書館員は専門知識を必要とせず、誰でもよいことになっています。これは後出の「3直面していること」に譲り、ここでは、この図書館法や前の章の石井桃子さんの努力がまだ実現していないというだけに留めます。

公立図書館の設置

公立図書館は、その地方自治体の条例によって設置されます。それは図書館が必要だという声を住民が上げ、それを地方自治体の議会が審議し、条例を作って図書館設置を決めるのです。小・中学校のように地方自治体の義務設置ではありません。図書館が必要かどうかは、住民の意思によるという点で、図書館の性格上、大きな意味を持ちます。

運営について館長の諮問に応じ、また図書館サービスに意見を述べるのが図書館協議会で、今日では教育委員会の付属機関です。委員は教育委員会の任命で、住民が図書館サービスを理解し、図書館が住民を理解して、相互理解を深め、図書館サービスが本当に住民の知的要求を満たしているかどうかを考えることになります。そこで図書館利用者などが公募によって選ばれ、委員として住民と図書館とをつなぐ大事な役割を果たせれば、その目的を達成できるでしょう。これは大事な機関なのです。

私立図書館や文庫活動などは「図書館同種施設」として、誰でも設置できることになりました。

以上が図書館法の概観です。

二〇二〇年は図書館法制定七〇年ですが、この間に社会と市民生活と図書館は大きく変化しました。しかしこの法律はこの国に住む人びとにとって、図書館とは何か、という基本を押さえていて、時の変化を超えています。

ただもっと徹底した図書館サービスの展開のためには、その解釈をもう一歩進める必要があります。この法律の「国民の教育と文化の発展に寄与する」という「国民」を、「一人ひとり、そしてみんな」ととらえるかどうか。「国民」をひと塊とみると、一人ひとりの存在が薄くなります。「一人ひとり、そしてみんな」の立場でこの法律をみると、図書館のあり方がはっきりとみえるのです。それが、これからの課題ではないでしょうか。

学校に図書館を

一九四七年、教育基本法と学校教育法が制定され、学校教育法施行規則第一章第一条に「学校には、その学校の目的を実現するために必要な校地、校舎、校具、運動場、図書館又は図書室、保健室その他の設備を設けなければならない」と規定されました。文部省は図書館の専門家に委嘱《いしょく》して「学校図書館の手引き」を編纂、各学校に配付しました。その後、学校図書館の関係者と国会議員、全国学校図書館協議会との努力によって、学校図書館法案が審議され、一九五三年、学校図書館法が成立しました。

学校図書館法(一九五四年四月一日施行)の目的は、学校図書館は学校教育に不可欠の基礎的設備であり、その健全な発達を図って学校教育を充実するために設置する、と規定しています。これが学校教育法施行規則の「設けなければならない施設」としての「図書館又は図書室」のあるべき姿です。これと第二条の「学校教育の展開に資することと児童又は生徒の健全な教養を育成」とを考え合わせると、今日の「自分で考える力を育てる」ことは、このころからの課題であったといえましょう。

各学校は、学校図書館を設置する義務を持ちます。学校教育の目的を実現するために不可分な存在であるからこそ、義務としたのです。そして、法の規定は、ほとんど図書館法の図書館奉仕の規定と重なります。つまり、学校に図書館の働きを導入し、そのすべてを学校の教育目的達成に向けるのです。異質なものではありません。養護教諭および今後配置される心理療法士と同様、体と心の健康を保ち、知的に考えるための材料を十分に提供することで、学校教育をしっかり裏打ちする力とするのです。

司書教諭は学校図書館の専門業務にあたるために置かなければならないとされ、そのための講習を修了した教諭をもって充てると規定されましたが、附則で、当分置かなくてよいとされました。それでも学校図書館を重視する学校は、司書教諭や司書を置きました。しかし司書教諭を専任とするまでには至らず、授業、クラブ活動、その他の任務を果したうえに司書教諭の仕事をする場合が多く、教員としては大きな負担でした。

そこで司書を置く学校が次々と現れ、校長先生が「司書が入ると、本が生き生きします」といったものです。また、司書が文献調査や他の学校図書館や公立図書館との相互貸借によって本を集めてくれたので、教えるのにも役立ち、生徒の理解も進んで、豊かな授業ができた、と報告した先生や、司書教諭、学校司書、市立図書館の司書の協力によって、生徒たちが積極的に読書と取り組むようになった学校など、いろいろな実践例が現れました。

一方、文庫活動の経験から「学校図書館に人を！」という運動が各地に広がりました。この本の第一、二章で述べた活動が、学校図書館の充実に向かったのです。これを受けて、学校に司書を置く市町村が現れました。これは市民の多年の努力と、学校図書館の大切さを理解する地方議会議員が、教育委員会と市町村とを動かした結果でした。

一九九七年、学校図書館法の「司書教諭を置かないことができる」という附則がやっと削除され、二〇一四年の改正で、学校司書を「置くよう努めなければならない」となりました。ここまで六一年、長い道程でした。それでもまだ努力目標ですし、働く条件も待遇も不安定です。しかし今までの事務補助員が、法律上「学校司書」と規定されたことは、学校図書館にとって大事な一歩でした。

この学校司書さんたちは、今、学校図書館に新しい生命を吹き込もうと懸命の努力をしています。それは一九六〇年代後半から七〇年代にかけて、日本の各地で起こった公共図書館運動や、子ども文庫活動の熱気の再来を思わせます。しかし二〇一〇年代の学校図書館は、草創期の図書館運動よりも、確かな経験の蓄積があることが大きな力です。

まず「本が生き生きとするようになった」学校図書館では、生徒たちが自分に合った本を見つけます。そしてその生徒とその本とをつなぐ働きをしてくれた学校司書の存在を知ります。そこに生徒たち一人ひとりの「発見」が始まり、「読みの深さ」につながっていくでしょう。それが、その生徒の成熟に大きな働きをすると思います。

学校司書は一人ひとりの変化を自分の目で見て、この仕事に対する新たな「発見」をします。それがその学校図書館の運営に反映され、学校の教育目的の実現に貢献することになります。その基礎として、各地に三〇年にわたって学校図書館で働いてきた方たちがおられます。その人たちのサービスを受けて学校を卒《お》えた生徒たちが、自分の子どもを育てています。この無形の蓄積が大きいと思います。

さらに、現在では学校図書館を「人間の生み出す図書館現象」としてとらえ、学術研究の目で検討し、研究方法を開発し、そこから現場を考え、他の館種との関係も横断的にとらえようとしています。今後の充実と発展の基礎がそこにあると思います。

国立国会図書館

一九四八年、国立国会図書館が開館しました。この図書館の成立の根拠となった法律が「図書館」を考えるうえで大事なものとなりました。

これは立法府と行政、司法の各部門、そして国民に対して図書館サービスを提供することを目的とし、現在では、東京本館、関西館、上野の国際子ども図書館の三館と、二七の支部図書館と六分館、合計三六館で構成されています。国内はもとより、海外の図書館とも協力する、世界の図書館網の重要な拠点です。第二章の3で、地元の図書館にはない本を貸し出したのは、この図書館でした。成立以来、日本中の《図書館の図書館》、つまり各地の図書館が図書館としての働きを果たすための中核となってきました。こういう図書館を立ち上げ、七〇年以上にわたって図書館サービスに努力してきたことは、現在と将来のためにまことに大きなことでした。

その根拠となった国立国会図書館法の前文は、「真理がわれらを自由にするという確信に立って、憲法の誓約する日本の民主化と世界平和とに寄与することを使命として」この図書館を設立する、という格調の高い言葉で始まっています。これは東京本館の閲覧者用カウンターのすぐ上に刻まれていて、この図書館の基本理念を示しています。この言葉は聖書に由来していますが、インドでも「真理こそあらゆるものに打ち勝つ」という国是《こくぜ》を国立図書館の入り口に掲げていました。おそらくは二〇〇〇年以上前に、地中海東岸からヒマラヤ山脈にわたる広い地域で生まれた言葉なのでしょう。

もしそうであれば、国会図書館の言葉は、図書館の、深く、広く、そして永い生命を示し、人間の営みを支えるものといえましょう。

2　図書館サービスの充実のために

図書館法公布から今まで、図書館法によって新しい方向が示されて七〇年が立ちました。一九六〇年代には、図書館法による新しい図書館学教育を受けた人たちが経験を積んで、図書館サービスを始めました。それは図書館の仕事のあらゆる面に及ぶものでしたが、ここではそのうちの特に苦労の大きかった四つの活動を紹介したいと思います。

書庫出納式から公開書架へ

以前、すべての本は書庫に保存されていました。読者は煩雑な手続きをして読みたい本を請求し、出納係《すいとうがかり》が書庫の中を駆け回って出してくるまで、待っていました。出てきた本が自分の必要とする内容でなければ、その手続きを繰り返さなければなりません。

それを、利用者が自由に書架の前に行き、内容を確かめてから、読んだり、借り出したりできる、公開書架制に変えました。図書館の管理者は「本がなくなるから」と躊躇《ちゅうちょ》しましたが、読者は歓迎してくれました。今は、そこに出ている本の冊数が多すぎて、かえって探しにくいこともあるようです。今後はその運営と適正規模について、議論と実験とが必要になるでしょう。

しかし、公開書架制の方式の普及につれて、正規の手続きをせずに本を持ち帰る人が現れました。それでも、読者が自分で探せて、納得して借り出せるという条件はなんとしても守らなければなりません。いろいろ工夫した結果、今日では無断貸出防止装置という機械によって対応しています。

それでも切り取りや、本を壊して中身を持ち去る人もあって、頭の痛いことです。さらに、書き込み、汚損、食べ物や髪の毛などの残存、未返却のまま連絡を絶つ人など、自由な利用の確保と適切な管理とのあいだの難問は絶えません。図書館の資料は公共のものという意識を、利用者と図書館とが共有する方向で解決に向かいたいものです。

貸し出し方式の改善

以前の煩雑な手続きが機械で読み取る方式に変わり、貸し出し手続きは簡単になりました。そのためか、図書館の仕事は本を貸すだけだから誰にでもできる、という考えが広がり、図書館の民間委託が進んでいます。

それまでは貸し出しや返却の時に、読者と図書館員との会話があり、読者からの生の希望や苦情を受け取って、図書館サービスの向上に役立てていました。貸し出しは図書館のレーダー基地でした。それをどう補うのかが今日の課題です。

図書館のシステム化

図書館の運営が個人の経験から脱却して組織性を求めたのは、一九世紀半ばのことでした。手作業では間に合わず、道具や機械を導入し、そこからコンピュータ導入へと進みました。

一九六〇年代には図書館の所蔵資料についての細かな情報をコンピュータで処理することが海外で始まり、日本でも国立国会図書館の機械可読目録(Japan MARC)や国立の学術情報研究機関の努力によって、日本語の資料や漢籍までもコンピュータ処理ができるようになり、そのデータを各図書館が自館の所蔵資料の組織化に使うようになりました。これが図書館全体を一つのシステムとして考え、そのネットワークによって一人の読者の要求に応じるという方向に進むことになりました。

ただ、既製のそこに記載された分類記号をそのまま使うのではなく、その図書館の利用実態に即して、その記号を改めたり必要な事項の加筆などを必要とします。これもまた人と本とをつなぐかけがえのない作業なのですから。

しかし一方では、今までの一冊ごとの丹念な処理を通して、図書館の蔵書を構成し、その特徴を身につける機会が乏しくなり、本についての知識と、それを扱うセンスが育ちにくくなりました。これは今後、司書養成課程と就職後の研修とで考えるべき問題かと思います。

大学図書館の変化

四つめの活動です。

ずっと以前、大学図書館は貴重な研究資料の保存と専門研究者への提供の場でした。大学図書館の司書も、本の世界に没入して一生を送る人、というイメージが強かったのです。それが社会の変化に伴う高学歴への期待や、学術研究の多様化、学生数の増加などに相俟《あいま》って、教育が重視され、一九六三年に導入された指定図書制度によって図書館の役割が大きく取り上げられました。

指定図書制度とは、授業の理解を進めるために教員がその科目に適切な本を選び、大学図書館がそれを複数そろえて、学生に提供する、というものです。図書館の一隅にそれを置いたり、指定図書閲覧室を新たに設けたりして、ここに集めた本の利用を図りました。

そのころから、公共図書館と同様に、新しい教育を受けた若い司書たちの努力が実を結び始めましたし、先に掲げた図書館サービス上の三つの変化が大学図書館を内部から変えることにもなりました。

大学の拡張に伴い、キャンパスを郊外に移転したことから、地域の知的情報源という意識が生まれ、地域の人たちの館内利用を認めるようにもなりました。また、大学図書館がコンソーシアムを形成して、図書館の相互利用を図るとか、学内の学習環境の充実という観点から、ラーニング・コモンズとかラーニング・センターという考えが生まれ、それが図書館の設計にも影響するように変わってきました。

本の提供だけでなく、学術情報の収集と提供もまた大学図書館の重要な任務です。この分野での国の施策は一九五七年に始まりますが、今日では国立情報学研究所がこれまでの蓄積に立って、学術情報についての研究と情報提供サービスの中心となっています。

大きな変化の中で新しい問題も生まれました。情報収集の便利さから、学生が都合のよいデータばかりを集めてレポートを書き、学習の実質が失われるという懸念です。米国でも八〇年代から深刻な問題でした。これを考えるための一例を第五章の「大学の授業と学生と図書館」で紹介します。ある著名な学者が、「学生を育てることとは、手作りの仕事」と述懐されましたが、きめの細かい「手作り」には、図書館が大きな働きをするのです。

3　直面していること

新しい状況に対応して適切な図書館サービスを提供するために、このような努力が続きましたが、現在では、次に掲げる四つの大きな問題と直面しています。

公立図書館の資料費削減と学校図書館整備

二〇一七年現在、日本の公立図書館数は三二七三館（県立、市町村立を含む）で、その資料費総額は二九二億八一七四万円、国民一人あたり二二九円です。一九九九年度には三六七億六三四四円だったのですが、毎年数パーセントずつ減額されて、現在ではその八〇％弱となっています。図書館にとって資料費は生命の維持と同じですから、その減額は重大な問題です。

公立図書館以外では、公立学校図書館での図書購入費が一一八億円（二〇一六年度決算額による幼稚園から高等学校までの図書購入費のうち、七割を学校図書館の資料費とみての推定額）、大学・高専図書館（私立の大学、短期大学を含む）では六七八億円、国立国会図書館は二三億円、これに公立図書館の二九三億円を加えると総額一一一二億円になります。これは全国の書店などにおける出版流通額の七％です。これに私立学校図書館の図書購入費を加えても、大きく変わるほどではないと思います。図書館の図書購入費が流通額の二〇％を超えたら、もっと内容の充実に力を注ぐことができるという話が以前にありましたが、それにはまだまだ遠い、といわなければなりません。

国民読書年を始め、読書を奨励する法律や政策がありながら、そのことにあたる現場の図書購入費が毎年削減されて、一館あたりの資料費が一九九三年度の一六〇〇万円から今は九〇〇万円に減りました。それに伴い、貸し出し冊数も、二〇一〇年度の七億一六〇〇万冊が六億九一〇〇万冊に減っています。これは購入費の減少とともに、司書の異動による選書能力の低下があり、読者に魅力のある本が図書館に入らないからと考えられます。読者は敏感なのです（松岡要「図書館事業を進展させる制度・仕組みを考える」『沖縄県図書館協会誌』第二二号）。

また文部科学省は学校図書館の整備充実のために五カ年計画を継続し、地方交付税として措置していますが、自治体が予算を組まなければ学校図書館の役に立ちません。この問題は前の章でも取り上げています。集団教育を補い、一人ひとりの生徒に焦点をあてる学校図書館の大事な役割を認識して、せっかく措置されている経費を学校図書館で使えるよう、自治体の首長や教育委員会に尽力して欲しいと思います。

この地方交付税は自治体のすべての行政事務経費を積算対象とすることを原則とし、その最低基準を示すことを基本にしています。公立図書館もその対象で、図書費については一貫して増額が続いていましたが、二〇〇三年度以降、その積算内容、金額の明示がなくなりました。そのころ公立図書館の図書購入費の減額が続きましたが、それをいっそう助長する結果を招いたかと思われます。

司書の配置転換によるサービス水準の低下

公立図書館の正規雇用の職員数のピークは一九九八年で、一万五四二九人、うち司書は七八九四人（五一・二％）でしたが、二〇一七年には正規雇用者一万二〇三人、うち司書五三二九人で、それぞれ三分の一ずつ減っています。それに対して増えてきたのが非常勤、臨時雇用、それに派遣社員で、年間実働時間を一五〇〇時間として計算すると、二万九六一四人となります（松岡、前掲論文）。これは知識や情報の特質と所在についてよくわかる職員が図書館からいなくなって、その運営に関する知識と経験との蓄積が活用されないことを意味します。学校に時間講師ばかり増えて、専任教員がいないのと同じです。図書館を「ただ貸し出しだけ」と見る施策の結果と思えます。それでいいのでしょうか。

これは現在の地方公務員法で専門職制度が外され、公務員は職種・職名にかかわらず、他の職種に異動できることとかかわります。つまり、公立図書館で司書としての知識と経験と意欲を持って働いていても、本人の意思にかかわりなく、他の部局に回されますし、館長は図書館とはまったく関係のないところから着任するのが当然となっています。これでは図書館員として蓄積してきた知識と経験が中断され、また図書館の基本方針が一定しないことになります。今日の社会では、それぞれの職務が専門性を必要としています。そこでまず司書を教諭と同様、本人の希望による場合を除いて、他の職種に移すことなく、専門知識と経験とセンスとの涵養による図書館サービスの向上に専念できるようでありたいと私は思っています。

公共図書館を教育委員会から首長部局に

文部科学省は二〇一八年三月、中央教育審議会の生涯学習分科会に対し、図書館や公民館、博物館などの社会教育施設を地域活性化のため、教育委員会から首長部局に所管を移せるかどうか、諮問をしました。分科会はそれを可能とする特例を設ける方針をまとめ、文部科学大臣に答申をしました。

しかし、公共図書館の場合、この特例が適用されると、図書館をまちづくりや観光施設と一体化する自治体も出てくるかもしれません。そうすると、図書館とは本を貸し出すだけの部局となりかねません。図書館が、その情報や資料を提供して、まちづくりや観光の役に立つことは当然ですが、そのためにあるのではないのです。そこでこの分科会の審議においても、また図書館を考える人たちのあいだでも、さまざまな疑問が提起されました。公共図書館とは基本的にどういう存在なのか、そこからしっかり考えて、その本来の機能を発揮できる政策こそが重要ではないか、というのです。

つまり公共図書館は、乳幼児から高齢者に至るまで、その人に適切な「感じたり、考えたり、行動したりするときの手がかりになる材料」を提供して、その人が自分の力で物を考えることを支援する機関です。それは一人ひとりが「読む力」を育て、必要な知識や情報を自分で探し、物事を判断するようになること、つまり人の成熟と成長とにかかわる仕事であり、その点で広い意味の教育にかかわります。

その「教育」の中で、「教」とは集団教育のイメージが強いのですが、図書館は一人ひとりへの支援が仕事ですから、「育」を担当するといえます。この二つを総合して「教育」が成り立つのです。

そしてそれを維持し充実するためには、すでに生涯学習分科会で議論されたように、政治的中立性と、継続性、安定性が必要です。そこで、公共図書館は教育委員会の所管であることが妥当であり、その他の社会教育機関も同様ではないか、と考えますし、今後その「特例」がどういう形をとるのかを見極めなければ、と思っています。

図書館の危機安全管理

以前は、図書館は静かで安全だと思われていましたが、今は館内での迷惑行為、盗難、器物損壊、利用者や図書館員への付きまとい、図書館の目的外利用など、世の中で起こっていることが図書館にも起こってきました。よくもこれほどに多様な問題が、と驚くほどです。そしてそのうえに、予想外に大きな地震、台風、水害、それに伴う停電、断水、家屋崩壊、食料や燃料の不足が生まれます。

日本図書館協会は、一九九五年の阪神・淡路大震災やそれまでの大小の経験にもとづき、二〇〇〇年代初めからこれについての協議を始めました。二〇〇三年、図書館経営委員会の中に危機・安全管理特別検討チームを結成、外部の専門家の意見も参照しながら安全管理マニュアルの作成作業をはじめ、二〇〇四年、『こんなときどうするの?』を内部資料としてまとめ、二〇〇五年にその改訂・増補版を出版し、各地の研修会で討議を重ねました。その前後に十勝沖地震、宮城県北部連続地震、高松市での高潮被害、新潟県中越地震などがあり、さらに二〇一一年の東日本大震災に直面。社会的な安全管理の問題はどの図書館にも共通という認識に立って、二〇一二年に『みんなで考える図書館の地震対策』を刊行、さらに二〇一四年、全面改訂しました。

こういう考え方と諸問題への対応から、図書館の仕事に必要とされる専門意識が形成されてきたのです。それは本来図書館員の心の中に育つものであって、社会に向けて誇示するものではありません。それでもそれは徐々に仲間に伝わり、何か大きなこと――例えば自然災害への対応などの時にその姿をみせます。次の章では、それについて考えたいと思います。

コラム　図書館をめぐる、さまざまな団体

図書館サービスをみんなで力を合わせて組織的に充実させようという気持ちから、図書館員の団体が生まれます。現在、学会、協会、協議会、研究会、その他の団体があり、全国、地域、館種、などの特性に立って活動しています。ここでは、この本の内容と関係の深い、いくつかを図書館員としての考え方の育成という面から紹介しましょう。

日本図書館協会

一八九二（明治二五）年創立。図書館員と図書館に関心を持つ人々とによって、図書館の進

歩・発展を図るために設立されました。米英に続く世界で第三番目の図書館協会でした。

その性格は国ごとに多様で、政府の外局として扱う国もあるようですが、日本図書館協会は会費と協会活動の収入で維持する独立の団体です。会員から選挙された役員が運営にあたり、実務は事務局職員(全員司書有資格者)の献身的な働きに依っています。大きな事業としては、月刊誌『図書館雑誌』(創刊明治四〇年、二〇一九年現在一一三巻)、『図書館年鑑』、『日本の図書館』(統計書)、『日本十進分類法』を始め図書館サービスに不可欠な本の出版、各種の研修講座の開催、「日本図書館協会認定司書」の認定、災害時への対応など、多岐にわたっています。「図書館の自由に関する宣言」と「図書館員の倫理綱領」(後述)の制定も重要な仕事でした。

①図書館の自由に関する宣言　一九五四年、全国図書館大会において採択。一九七九年改訂。この宣言は、図書館が自由を謳歌するのではなく、図書館を使う人たちの自由な利用のために図書館が働くことを言います。知る自由は、世界人権宣言(第一九条)、憲法の国民の権利に関する条文、ユネスコや国際図書館連盟、米国図書館協会の声明や宣言と同じ基盤に立ち、国民の基本的人権の一つとして重んじられます。そこで図書館は一人ひとりの知る自由のために、資料と施設を提供し、資料収集と資料提供の自由を持ち、利用者の秘密を守り、全ての検閲に

反対し、この自由の侵害に対しては団結して自由を守る、と表明したのです。

②図書館員の倫理綱領

一九八〇年、日本図書館協会総会において決議。これは、「図書館の自由に関する宣言」と表裏一体で、図書館員に共通な考え方の筋道を示しています。それは、社会の期待と利用者の要求とを基本的なよりどころとし、利用者と資料とに対しての責任を自覚し、研修に努め、組織体の一員として図書館サービスの充実をはかり、図書館間の協力を進め、文化創造に寄与することを目標としています。さらに、この綱領と相容れない事態に対しては、その改善のため不断に努力する、と述べています。

図書館法にいう図書館奉仕を実現するのは図書館員ですから、そのために求められる能力は多岐にわたり、一生かかっても身につくまい、と思うほどです。それは図書館資料の多様さと、それを求める人の持つ条件が多種多様だからです。一日に一〇〇人の利用者に接するとは、一〇〇通りのサービスをすることだ、というのはこのことです。

③自由の宣言と倫理綱領の必要性

②でいう図書館の仕事と「相容れない事態」についてはさまざまな事例がありますが、その代表として読書の秘密を守り抜く努力をあげたいと思います。利用者の氏名、住所、どんな本を使ったか、何をどう調べたか、何を複写したのかなどは

利用者のプライバシーに属し、図書館員にとっては職務上知り得た秘密です。これは公務員に課せられた「守秘義務」の、図書館での適用なのです。

例えば、図書館の窓口で、突然に警察手帳を示され、「捜査関係事項照会書」を見せ、利用者にかかわる情報の提供を求められて、図書館員が驚く、という事態が起こることがあります。図書館としては、捜査官と同様に図書館員にも守秘義務があること、法的手続きを経ずにデータの公開はできないこと、仮に法的手続きを経ても、必ずしも公開できるとは限らないこと、などを説明し、先方の要求とこちらの立場とを突き合わせ、互いの論点を整理し、協議する必要があります。この照会に応じなかったとしても、罰則規定はありません。

そうすると次の機会に、裁判所の「捜索差押許可状」が来ることがあります。その場合も、図書館としてはそれに応じるかどうかを検討します。あまりに広範囲な要求は、別な人の読書の秘密を犯す場合もあるからです。「日本図書館協会　図書館の自由委員会は、こうした場合の対応の仕方を図書館としてあらかじめ検討しておくことと、自治体の法規」担当部署との意思疎通を図ることを勧めています(『図書館の自由』第一〇〇号)。

テレビドラマの中には、こういう場合に図書館員がすぐに利用者の読書の秘密を明かす筋立てのものがあります。日本図書館協会はただちにそのテレビ局に連絡し、図書館とは利用者の秘密を守る所であって、簡単に個人情報の提供はしないこと、それを守ることで利用者との信頼関係が成立していることを伝え、こうしたドラマの再発を防ぐよう、協力を依頼しています。

それでもテレビドラマ作家にはそれが伝わりにくく、要請を重ねています。読書の自由を守るためには、それぞれの現場での細心の注意が必要で、それほどに壊れやすいものなのです。自治体職員としてこのような明確な倫理綱領を持つ職種は、図書館員だけといえるでしょう。読書とはあくまでも個人の営みであり、その自由を守ることが図書館員の役割だからです。

④図書館についての政策提言と中央教育審議会への意見書　二〇〇五年、「文字・活字文化振興法」が制定されました。日本図書館協会はこの法律がめざす文化水準の実現のために、翌年「豊かな文字・活字文化の享受と環境整備」という政策提言をおこないました。

その内容は、まず、中学校区を単位とする住民の生活圏それぞれに公立図書館を整備し、その運営経費は市町村の普通会計歳出額の一％以上、そして各館に専任の司書を置くこと、また、それと同様に学校図書館、大学図書館の整備充実と出版文化の振興とを図ること、文字・活字に接することが困難な人たちを疎外する要件をなくすこと、図書館間の協力を進めることなど、

「そこで人が生活する地域」に立っての提言です。同様に学校や大学の図書館は、若い人たちが「そこで生きるため」にありますし、障害のある人たちの読書の権利を守ることも、まったく同様の視点からです。この点と、この仕事を自分の専門とする人々の団体としての政策提言である点とで、単なる理想ではなく、時間をかけても実現すべき提言です。

二〇〇七年一二月には、新教育基本法に基づく教育振興基本計画策定に際して、中央教育審議会に意見書を提出、またその計画部会において「図書館とは、人びとの生涯にわたる学習を支援するという重要な機能を持つ機関と位置づけ、それを教育振興基本計画の基軸に据え、総合的な施策として推進することを要望し、図書館を学校教育、社会教育、家庭教育にまたがる横断的な課題として、図書館全体の整備、振興を総合的に推進すべきこと」を提案しました。

児童図書館研究会

一九五三年に創立。図書館員を中心に、子ども文庫関係者、教員、出版関係者など、子どもの文化、子どもの本、子どもと本とをつなぐ仕事にかかわる人々によって結成されました。

この会のことはこの本の第二章で述べましたが、その後も児童図書館についての専門書の出版や児童図書館員の専門性の確立のために人を育てる事業を続けています。しかし例えばこの仕事に慣れた公務員の人が他の部局に異動させられて、経験の蓄積が中断されます。それでもこの研究会は六五年に及ぶ活動を続けて、その苦闘は、五年に一度編集・発行される『年報こどもの図書館』や、創立五〇年を記念して編集された『児童図書館のあゆみ』で知ることができます。この努力があったからこそ、第二章で述べた民間の運動をしっかり受け止め、協力をして図書館サービスを豊かにすることができたのです。

図書館問題研究会

一九五五年結成。公共図書館についての研究と実践の団体として、「図書館のお客さん」が求める本が図書館になければ、草の根をわけても探し出して提供する、という人たちの集まりです。

毎日のサービスの充実とともに、図書館を利用するのが不自由な人たちへのサービスを徹底すること、図書館の自由を守ることを柱に活動しています。また、『図書館用語辞典』を出版し、その改訂新版を出すなど、出版活動も盛んです。会報『みんなの図書館』(月刊)は、本務を終えた後におこなう自主編集で、二〇一九年には五〇〇号を超えました。

全国学校図書館協議会

一九五〇年創立。学校図書館の充実と発展を図ろうとする教師や、司書教諭、学校図書館に勤める司書たちと各地の学校図書館研究団体とが集まって結成されました。

学校図書館法の制定はこの団体の大きな業績であり、学校図書館憲章を制定しています。『学校図書館』(月刊)や『学校図書館基本図書目録』その他の発行、図書館用品の販売、研究大会(隔年)の開催など、活発な活動をしています。二〇一六年には国際学校図書館協会(IASL)の年次総会(東京)を開催。世界各地からの参加を得て盛会でした。

学校図書館問題研究会

一九八五年創立。学校司書、司書教諭、教師、学校図書館を支援する人たちの集まりです。子どもたちが「学ぶ喜び」と「本を読む楽しさ」を見つけるようにと、真剣に考えています。数ある研究会や協議会の中で一番若い集まりで、「学校図書館を一生の仕事に」という意欲に燃えています。『がくと』(年刊)と『学図研ニュース』(月刊)には、その努力と意気込みとが表現されています。

日本病院患者図書館協会

この団体は、患者は「入院している市民」であって、大人も高齢者も子どもも、入院中に読書の機会を持つことは人間としての権利だ、と考えたことから始まりました。一九七四年に結成し、七七年から二〇一八年まで、患者と本とをつなぐボランティア活動を続けて解散しました。しかしその活動は『患者と図書館』(菊池佑、菅原勲編著、明窓社)や『図書館年鑑』などへの活動報告、会報『病院患者図書館』などで知ることができます。

また、入院患者への図書館サービスは、各地の公立図書館で「図書館に来ることが困難な人々へのサービス」として少しずつ広がっています。入院中にも自宅から本を持ってきて読書をする人は当然いるわけですが、今まで見なかった多様な本を目にすることで、このサービスは読書の世界を広げます。今後は、医師、読書に関する心理の専門家、司書、そしてこの仕事に関心を持つ人々の協力と、病院自体の取り組みを基礎に、この団体が開拓し、積み重ねてきたものをさらに発展させることができれば、と思います。

図書館友の会全国連絡会

二〇〇四年結成。全国各地で活動している「図書館友の会」の連絡機関です。各地の「友の会」は、それぞれの地域の事情の中で図書館の活性化を願って活動していますが、その条件のあまりの多様さと困難さのため、試行錯誤を繰り返しています。

この会は、図書館を「私たちの自立と地域社会の発展になくてはならない施設」と位置づけ、図書館のあるべき姿をまとめました。

『私たちの図書館宣言』

一、知る自由と学ぶ権利を保障する図書館

二、いつでも、どこでも、誰でも、身近に無料で利用できる図書館

三、資料・情報が豊富に収集・整理・保存・提供されている図書館

四、司書職制度が確立され、経験を積んだ館長と職員がいる図書館

五、利用者のプライバシーを守る図書館
六、情報公開と民意に基づく図書館協議会が機能する図書館
七、教育委員会の責任で設置し、直接、管理運営される図書館

この会は、この七か条の実現のために、図書館を支え、すべての人と手をつなぎ、図書館とともに成長すると宣言しました。こういう宣言が、図書館を支える市民団体からなされたことは、戦後の図書館の大きな特徴の一つだといえましょう。

特定非営利法人共同保存図書館・多摩

二〇〇二年に発足した共同保存図書館の働きを持つ団体で、二〇〇八年に特定非営利法人となり、元図書館員やこの仕事に関心を持つ市民と現職の図書館員が参加しています。この会では、東京の西、多摩地区にある公共図書館がその蔵書を重複などの理由で除籍しようとするとき、地域内の図書館の所蔵状況を確かめ、そこにしかない本であれば保存します。また検討の結果、除籍をした本は、それを必要とする図書館で活用して、この地域の蔵書を豊かにしよう

とする活動です。

そこでこの団体の目標は「本を生かそう　保存し活用しつづけよう　そのために知恵をだしあおう」という言葉で表されます。その実現のために多摩地区の所蔵状況を知るためのシステム「ＴＡＭＡＬＡＳ」を開発、これによって、図書館間の相互貸し出しと分担保存のための連携協力が進み、各館の資料の維持と拡張のために大きな力となっています。つまりこれは図書館としてとても本質的な活動で、現在のサービスと将来とを見据えた政策的な課題の実現です。

この団体は、『多摩デポブックレット』や『多摩デポ通信』(季刊)の発行、「多摩デポ講座」、見学会などをおこない、誰でも参加できます。

第四章　災害から学んだこと

二〇一一年三月一一日、東日本大震災により、東北地方をはじめ各地に大きな被害がありました。図書館と図書館員とが津波にさらわれたり、館舎や蔵書を失ったりなど、今まで聞いたこともない大災害でした。そういう状況のもとで、市民にとって、図書館とはなんであったか、図書館員はどういう取り組みをしたかを、詳細に記録した図書館があります。その時の図書館員の考え方と行動を、その記録からみていきたいと思います。

1 被災地域と図書館

そこは仙台湾北岸に広がる町でしたが、二〇〇五年に近隣の町と合併して市になりました。人口四万三〇〇〇人、農業、水産業、観光が主要な産業です。町の時代から図書館活動は活発で、合併時に図書館と公民館図書室五館の図書館組織を形成。市政五周年に市として「読書都市宣言」を発表、「誰もが本に親しめる市」をめざしました。

二〇〇三年、震度六強の地震に襲われ、その経験を元に防災対策を立て、不時の災害に備えましたが、東日本大震災はその予想をはるかに超えました。津波の高さ一〇・三五メートル、住宅地の六五％が浸水、避難所一〇〇か所以上。死者一一〇九人。住宅地の浸水地域は、この地方で最大でした。二〇一八年三月現在、なお行方不明の方が二四人に上ります。

図書館が被災

津波は図書館には至りませんでしたが、棚から本が落ち、配本所などにあった一万三〇〇〇冊と貸し出し中の三〇〇〇冊が使えなくなりました。市の職員も図書館員も、自宅や職場の復旧は後に回して、全員市民の救護にあたりました。多少落ち着いてから短時間図書館で被災状況を記録し、復旧しようとしましたが、四月七日、震度六弱の余震により早期開館のために積み重ねた努力が無になったうえに、新しい災害が加わりました。自然は非情でした。

重ね重ねの被害に苦しむ図書館を支えたのは、市民からの支持と各地からの物心両面にわたる励ましや慰問、宮城県立を始め他県の図書館、日本図書館協会会員の支援でした。日が経つにつれて避難所ではしだいに食料などの確保や、提供は安定しましたが、多くの被災者は生活再建の目処が立たず、避難所生活が長期化しました。不安を抱えながら市民は新聞を回し読みしたり、本を読んだりしましたし、子どもたちに読み聞かせをする女子学生の姿もありました。そのうち市役所内部から、「おなかがある程度満たされてきたので、今度は心を満たそう」という要望が出てきました。

そこで以前から市民に親しまれた「本の青空リサイクル」事業を主として、こどもの日に、全国から集まった三万冊余りの寄贈本を配布しました。開始前から五〇〇人以上の人たちが列を作り、「寝る前の一冊」を持ち帰ってくれました。この日はお話や紙芝居、読み聞かせ、自衛隊による流しそうめん、隊員との腕相撲や撮影会など、被災した市民の心が潤った一日でした。

仮開館へ

六月一日、仮開館にこぎつけました。貸し出しや予約、リクエストは震災前より減りましたが、館内にはいつも人の姿がありました。「自分一人の世界で落ち着ける所」としての図書館が求められたのです。

一方、ミニコンサートや読書講演会、人形劇や演劇などは大勢の人でにぎわいました。静と動との二つで、図書館が人を明るくすることに役立ったのです。

その後、電話帳や住宅地図の閲覧、インターネットの開放端末利用、住宅リフォーム、土地改良など、その時点での生活に必要な本や情報が必要とされました。また、この異常事態のもとでの葬儀の仕方や支援へのお礼状の書き方を調べるために本や事典、辞書がよく利用されました。図書館は「家庭の読書環境の復活」を考え、夏と秋に、各地からの寄贈本を展示し、市民それぞれの好みの本を持ち帰ってもらいました。小学校への配本にも先生たちが図書館の選書を信頼してくれて、年に三回、一クラスに五〇冊ずつ配本できました。

通常開館に戻る

改修工事の見通しが立って、七月一日から通常開館に戻りました。その時、九州のある市立図書館から無償貸与された自動車図書館が到着。二〇〇〇冊の本と市内の小学生たちの作った栞《しおり》などを積んで来てくれたのです。この車は全国から寄贈された本を積み、津波の後の走りにくい道路を通って延べ四〇か所を巡回、五か月間に一七〇〇キロメートルを走って、ここでの使命を終えました。

その後は冬の道路事情や防寒のため、仮設住宅などの集会室一一か所に「小さな図書館」を開館。部屋の広さによって一か所あたり六〇〇〜二五〇〇冊を置きました。集会室は住民が集まりやすく、本についての要望も聞けました。

震災四年後には仮設住宅の統合が始まり、「小さな図書館」も終わるところが出てきました。そこで学校や放課後学童クラブ、病院、保育所、幼稚園に五〇冊から一〇〇冊程度の配本をしました。このころには図書館の貸し出しが以前の状態にもどり、また子どもたちが大震災によって受けた衝撃もだんだんに和らいできました。ボランティアに依頼した読み聞かせやお絵描きに、それが現れ始めたのです。

被災地では今後、心に傷を持つ子どもとそれを知らない子どもとがいっしょに育ちますから、子どもたちには特に慎重な目配りが必要です。

学校図書館の復旧

壊滅的な被害を受けた学校図書館を再建しようと、先生たちと図書館とが相談し、図書館が支援することになりました。各学校の個別の計画では、先生たちの負担が大きすぎるからです。図書館が学校全体の窓口となって、学校図書館関係の物資を選定、入手、配付、活用するために働き、また再建作業の支援者が学校の状況を理解できるように調整役を務めました。その整備計画をサマー・サンタクロース作戦と名づけました。これはサンタクロースが、押しつけではなく、人の気持ちをそっと支える仕事をすること、また春と夏の休暇中ならば先生たちやボランティアの協力が得やすく、集中的な仕事ができることなどからの命名です。

夏休み中に図書館員ボランティアの力を借りて実施、九月からそれぞれの学校図書館が動きだしました。校舎が全壊して統合、移転する小学校に対しても支援をしました。

2　東日本大震災アーカイブ収集活動

アーカイブ(archive)というのは、保存すべき文書のことで、紙以外の資料も含みます。この市の東日本大震災にかかわるすべての記録を集め、誰でも読めるようにし、災害対策を立て、亡くなった人々を悼み、これからの生活を築くため、災害の実態記録を集めるという仕事です。

なぜ記録が大切なのか

復興事業が進むにつれて、この地域の景観がすっかり変わり、住民自身、以前の生活を思い出す手掛かりがなくなりました。山や川、海など、記憶を支えるものが全部変わってしまうと、一人ひとりの記憶の風化が急速に進みます。さらに、避難の状況や人の安否、あるいは行政からのお知らせや生活物資の供給など、その時には極めて重要であった書類でも、用が済むと捨てられます。また震災以前の年中行事や郷土芸能なども、当時の道具や建物の消失とともに記憶からも消えていきます。

つまり生活全般にわたって、いっさいがなくなってしまうのです。今後の震災に対処するのは今の子どもたちですから、その子たちのためにもこの経験と生活の記録を集め、次に引き継がなければ、と考えたことからの計画でした。

資料としては、避難所や応急仮設住宅での行政からのお知らせ、個人の張り紙、新聞やミニコミ誌の記事、写真、支援団体からのお知らせ、応援メッセージ、各学校の学校だより、クラスだより、各行政区の活動記録集や回覧板の内容、ちらし、この市の被災地域の郷土芸能の記録（以前のものも含めて）、個人体験談の記録などを集めました。

図書館が担当する理由

新しい仕事を始めると、いつも「それは図書館の仕事か」と問われます。この図書館では、これを「当然の仕事」と考えました。それは次のような理由からです。

- 図書館は、今までにも地域資料の収集・整理・保存・提供をしてきたので、資料収集への協力が得られ、アーカイブについての情報も全国的な規模で収集・参照することができる。
- 個々の資料の「モノ」としての性質を知り、それに応じた処理と整理をし、適切な保存と提供をするには、そのための方法と技術が必要である。図書館はそれを持っている。
- 図書館員は市役所の職員であり、その職務を通して市の充実発展を図る任務を持つ。このアーカイブは、市の情報源を形成する点で、市立図書館の当然の役割となる。
- 図書館員は、この地域の住民であり被災者でもあって、資料の所有者とは職務上も個人的にも関係が深い。これが資料収集上の大きな便宜となる。

・この仕事には少なくとも三〇年をかけたい。それは図書館の仕事と同じサイクルである。
また次のように考えました。
・今こそ実施の時。資料は日々に消滅する。
・この資料は復興計画に役立つ。そのため行政の理解とバックアップが得られる。
・図書館が主管しても単独でできることではない。それぞれの分野の専門家と市民との協力が必要。図書館と利用者との従来の関係から、この事業への理解と協力が得られる。
そして、実際はこのようにおこなわれました。
・収集した資料の目録を作り、簡単に検索できるようにしている。それは、市内のいろいろな施設に設置される「まちなか震災アーカイブ」(手持ちのスマートフォンなどを使って簡単に内容を見ることができる)や貸し出し用携帯端末機によって誰でも読むことができる。また、市の状況が記載された本や雑誌、新聞などの所載ページの検索と閲覧ができる。
・紙の資料は製本して「東日本大震災コーナー」に排架し、写真は、PDF形式で公開する。
・津波の「高さマップ」を作り、その地点に標識を設置。被災前後の市の航空写真も収集。
・市内の定点観測をおこない、その結果を記録する。

・海外からの支援に対して謝意を表するため、被災経験を英文で発表する（英訳は海外在住のボランティアに依頼することができた）。
・防災ワークショップを定期に開催する。

自身も被災者でありながら、被災市民のために働き、また一日も早い図書館サービス再開の努力を続け、さらにこれだけの新しい仕事を実現したことに敬服します。それが何によって支えられたか、この報告書は次のように述べています。

3　災害から学んだこと

日常のサービスを

七月一日から通常開館をして、日常のサービスが始まり、同時にこの新しい事業と取り組みました。その歩みはこの図書館の復興報告書として出版されています。

その報告書に現れた住民と図書館とのかかわりは、以下のようになりました。

・住民は図書館を必要としている。

・図書館員は市の職員として、図書館の仕事を通して市民のために働く、という強い意識を持つ。そこから「日常の図書館サービスこそが基本だ」という視点が生まれた。災害時のサービスは、日常のサービスがあってこそ住民に受け入れられ、住民の生活の変化に応じて新しい面が開かれる。その基礎は、被災者の被災感覚との「共感」である。

・図書館の復旧のために、図書館員のボランティア活動や、県立図書館や他県の図書館、図書館協会、さまざまな知識や技術を持つボランティア、図書館関係の会社や財団などの援助が大きな力となった。なかでも図書館員のボランティア活動は、その専門知識と経験とによって、この図書館の仕事を助け、図書館サービスの被災地への展開を支えた。

・被災住民の生活を直視することから「毎日生まれ、そして毎日消えていく生活の記録を集めて、現在への対策と将来への資料にする」という考えと、従来の地域資料に対する新しい切口とが生まれ、「市民とともに毎日を生きる図書館」の姿勢が強化される。

・この復旧報告書はアーカイブへの手引きであるとともに、災害への図書館や市町村のチェックリストとなる。さらに「図書館とは何か」という大きな命題を考える資料源となる。

いま各地の図書館で、この災害のいわば生《なま》の資料を集め、保存し、今後予期される災害に備える資料としています。つまり、ここに紹介した図書館だけではなく、各地の図書館員が同時多発的にそれを考えたのです。今後、その経験と知見とを持ち寄り、まとめ、わけあっていくことで、災害の場合にさえも、図書館は人がそこで生きていくための情報源、知識源であるべきだ、という共通の目標ができました。日本の図書館員は、この災害からそういうことを学び取ったのだ、と思います。

図書館員ボランティアの貢献

この復興事業にさまざまな知識や技能を持った人々がボランティアとして働いてくれたことは、大きな力でした。その中で、市民には見えなくても図書館の職員を支えたのが、図書館員ボランティア（現役や退職後の司書と、司書をめざす学生さんたち）でした。この人たちが自分の時間と自費とでここに集まり「縁の下の力持ち」をし、自分たちが働く図書館に帰ってからもこの災害の実態を伝えてくれました。

これが復興の力となり、その後の災害支援の前例ともなりました。そこで、災害の時のこの図書館の正職員としての任務と、それを支えた図書館員ボランティアの大きな働きを次にまとめました。

災害時の正職員の任務

災害が起こると、市の職員はそれまでの持ち場にかかわりなく、市民生活の支援のために動員されます。図書館員も同様で、「一日一食がやっと」の市民生活を元に戻すために働きました。それが少し落ち着いてから、あき時間に図書館に戻り、落ちた本を元に戻し、被害状況を調査しました。

そのころ、市内の高校生や有志から、図書館の復旧のために働きたい、という申し入れがあり、この後の図書館サービスの回復と、適切なサービスを展開するために大きな力となりました。これは町立図書館以来の日常のサービスによって、市民の心の中に図書館という存在が根づいていたからでしょう。災害によって日常生活が一変しても、図書館の記憶を生きる力の一つとしてくれたのです。図書館員は市民のこの気持ちを被災者である自分の生活と重ねて、痛いほどに感じとったと思います。

そこで災害後の正職員の任務として、図書館を市民のものとしていくことが改めて意識されます。そのためのために、市民のためのサービス計画を立て、それを市の計画の中に位置づけ、条件を整えて実施することが必要ですし、また被災からの復旧作業という、膨大な文書事務を含む交渉を、国や県、日本図書館協会および他の支援団体とのあいだに、図書館としての責任を持って進めなければなりません。それらの仕事とともに、毎日の市民への図書館サービスは手が抜けません。そこで正職員を援助する専門家の手がどうしても必要でした。

被災図書のその後

災害にあって使えなくなった本は、少なくとも一万六〇〇〇冊に上ります。市民の税金で購入した本ですから、天災だからといって済ますことはできません。きちんと事後処理をし、かつ復旧のために綿密で膨大な事務処理を要します。

まず一冊一冊について、図書館システムから除籍し、市に除籍・廃棄の決裁を求めます。その根拠となるのが被災原簿で、購入時の会計事項から被災の状況など、一冊ごとの詳細な記述をします。これが次の国への補助金申請の根拠となります。

国への申請には、図書館からの申告にもとづいて市が補助金申請の方針を決定し、ついで申請書類の作成という順序で進めます。補助金は被災前の状態への復旧が目的ですから、本の購入候補リストには、もとと同じものを記載することになります。

しかし本には品切れ、絶版、改版などがあり、いったんリストに記載しても発注後に品切れとなる場合もあります。そのために在庫の確認、調整が必要です。要するに本とは一冊一冊が会計上の単位であって、「被災図書」として一括することはできないものなのです。

補助金には頼らないという選択もありますが、その場合、被災自治体の財政の大きな負担になります。それを判断するのにも、被災原簿の記述が基礎的な情報源となります。図書館の正職員は、日常のサービスを的確にしながら、こういう問題への対応を考え、国、県とのヒアリングでしっかり説明しなければなりません。手が足りないからという理由で補助金の申請を見送ることはできません。あまりの事務量の大きさに躊躇《ちゅうちょ》しがちですが、それでも正職員が力を振り絞ってしなければならない仕事なのです。

支援図書の手渡し

震災後間もなく、三万冊の本が全国から届きました。これは大変な量です。もしこれが一度にきて、それを本棚に並べると、九〇センチ幅六段の書架一二〇本が必要です。被災の混乱の中でも、まず置き場所を考えなければなりません。

次にこれを被災者に手渡しするための大事な作業があります。それは「読もうという気持ちを妨げないもの」かどうかの確認です。

読書の内容ではなく、本が「モノ」としてきちんとした状態であるかどうか、例えば上、中、下三巻でひと揃えの本の中巻が欠けているとか、落丁、乱丁、書き込み、ページの破れ、表紙が外れかけているものなどは読書意欲をそぎます。そこで多少の手を加えて生きるものはその処理をし、どうにもならないものは外します。送り手のほうは善意で、大変な時にせめてこれでもご覧ください、と思い、自分が今必要としない本をまとめて送ってくれるのでしょう。被災者のほうは生死の境から逃れ、その苦しみや悲しみや、これからどう生きるかという突き詰めた気持ちと、その中でのいささかの安らぎと生きる力とを求めて、本に手を伸ばすのです。

そのため、読んでみようと思う本が、本としての条件を備えていないと、がっかりします。

そこで一冊一冊前もって点検する必要があるのです。

実はこの作業は、通常の貸し出しの場合も同様で、お菓子のかけらや髪の毛が挟まった本、書き込みや切り取り、水に浸かった本などは、そのまま次の貸し出しには出せず、何らかの処理をしています。読書内容への干渉ではありません。

そういう手順を経た本を、今度は、人が「手に取ってみよう」と思うような形で並べたり、ポップをつけたりして、本自身が人に語り掛けるようにします。本はただ並べておくだけではなく、人とつなぐ工夫が必要なのです。これも日常の図書館サービスで、常に図書館員が心掛けていることです。それがあってはじめて、人は、自分の中の「読みたい」という気持ちを行動に移すことができ、送り手の気持ちが届くことになります。

また、たくさんの本の中には、資料としての価値が高く、避難所で読むよりは図書館に置くほうがよいと思われるもの、あるいは学校図書館で子どもたちが手にとってみると思われる本は、選び出して正職員の手に委ねます。今までここの図書館、学校図書館にある本をよく知っていて、何が必要かをよく知っているのが、その人たちだからです。

学校図書館の整備を支援する

先に述べたように、学校図書館の整備は夏休みのあいだに集中的におこなう必要がありました。そのため図書館がコーディネーターとなり、まず日本図書館協会、県内の司書課程を持つ大学、ＮＰＯ法人などを通じて、司書や、司書をめざす学生さんたちのボランティアを募りました。

その結果、二〇一五年冬までに五一日間、全国から延べ六六九人（実人数二五二人）の支援を得、被災した蔵書の点検、利用できるものと支援本の中から学校に配布したものとの再整理（目録、分類、装備）、廃棄原簿の作成にあたりました。この作業全体が成功したのは、この仕事のための人材を得たことと、この作業の重要性を学校、教育委員会、市が理解し、支持したことによります。

災害支援をまとめる力

このようなさまざまな活動が、短期間に、しかも効果的におこなわれたのは、図書館員ボランティアとして、正職員と協力する知識と経験の蓄積、作業能率のよさ、そして利用者のために働くという意識の高さがあったからでした。それは専門職としての強い職業意識の現れでした。

そしてそれをまとめ上げるために、受け入れ側としておこなった準備と連絡、調整の周到さがありました。一人ひとり働く期間が違い、条件も異なるボランティアに、宿泊の世話から食事のこと、宿舎から作業先までの移動、作業の割り当て、作業環境や資材の供給、その他の便宜の提供、問題点の調整から引き継ぎに至るまで、コーディネーターとしての細やかな配慮があったのです。

それをボランティアの一人が活動報告に印象深く書き留めています。この仕事をよく知り、人への配慮があったからこそ、作業が順調に進んだのです。この具体的な実例は出版された報告書には書かれていませんが、今後は、この行き届いた配慮が不可欠の要件となるでしょう。

その後、規模の大小は別として、こうした実践が各地の災害においてみられるようになりました。図書館員という共通の意識がここまで高まり、そのうえに新しい図書館観を開いたのです。そこで次の章では原点に立ち戻って、図書館とは何か、それをどう考え、行動するか、その共通点を考えることにしましょう。

コラム　図書館学の五法則

図書館を考えるうえで、世界の多くの図書館で共通の考え方として認められているものがあります。インドの図書館学者ランガナタン博士が一九三一年、「図書館とは本来何か、どう運営すべきか、それは人間に何をもたらすか」ということを五か条にまとめ、『図書館学の五法則』（*The Five Laws of Library Science*）として発表しました。その意味の深さと簡潔な英語表現とで、世界中に広がったのです。

ただ、Laws といい、それを法則と翻訳したことから、この言葉に法律のような強制力を感じて、立ち止まる人もいます。Laws の元の言葉 Sutra は「縫い合わせるための糸」という意

味で、そこから「時を経ても、物事をつなぎとめるもの、変わらぬもの」という意味が生まれました。そこでこの『五法則』も「社会的な存在としての図書館をしっかり考えるための、時間、空間を超えて変わらぬもの五か条」なのです。ランガナタンは五法則発表の二〇年余り後に「法則よりも規範原理とでも言えばよかった」と令息に語ったといいます。私たちもこの言葉にとらわれず、著者の考え自体をみることにしましょう。

五法則の内容

一、本は利用するためのものである。　Books are for use.
二、いずれの人にもその人の本を。　Every person his or her book.
三、いずれの本にもすべてその読者を。　Every book its reader.
四、読者の時間を節約せよ。　Save the time of the reader.
五、図書館は成長する有機体である。　A library is a growing organism.

ランガナタン博士(一八九二―一九七二年)は、マドラス大学の助教授(数学)でしたが、大学図書館長に選ばれ、図書館学を学ぶために英国に派遣されました。帰国して旧来の図書館の近代化を図りながら、図書館とは本来何なのかを考え続けました。そして数学者としての論理性と、英国での研鑽、インドでの実務経験とに立って、図書館の仕事を分析し、そこからこの五法則を立案、二六語の英文にまとめました。

先のように短い表現をとったのは「考え方の基礎になるものは、単純な言葉で表現すべきだ」という科学者としての信念によります。複雑な内容をこれほどに圧縮したのはまさに天才の仕事で、世界中の図書館員に広がりました。

しかしその簡潔さの故に、五法則をそれだけのものと思うとか、一つ二つの項目に注目して全体とのかかわりをみないという傾向も現れました。著者自身はその初版(一九三一年)でも、改訂を加えた第二版(一九五七年)でも四〇〇ページを超える解説を書いています。ここではその第二版にもとづいて、いささかの解説を試みたいと思います。

(1)本は利用するためのものである

古来の「図書館とは本を保存する所」という考え方に対して、本とは「人が使うもの」、図書館とはそのためにある、という宣言です。ここから他の四項目が生まれました。この本とは「人が使うもの」によって、今までの「保存」は「現在から未来に至る読者が《使うため》に保存する」ことになりました。そうするためには、図書館を人の集まりやすいところに建て、その開館日と開館時間とを増やし、館内の配置と設備・備品を利用者にとって使いやすいように考え、質問や相談に十分応じること、そして本のこととその利用の仕方をよく知る図書館員を配置することなどが必要です。

ランガナタンは、それを第一法則実現のために不可欠の条件と考えました。これは当時のインドの図書館にとって新しいことばかりでしたが、それを次々と実現していきました。実は人が来やすいところに図書館を建てることは、一九六〇年代の日本においても新しい考えでした。人の来ない、静かなところに図書館を置くべきだ、と考える人たちが多かったからです。

この中でランガナタンが一番苦心したのは、優れた図書館員を育てることでした。一九二九年、マドラス図書館協会が図書館員養成学校を設置したのを最初として、図書館学の授業がインド各地の大学に広がり、今日では修士課程、博士課程が開かれています。ランガナタンは、インドの図書館の発展を一人で開拓し、実現したので、「一人の図書館運動」といわれ、また

「図書館学の父」と呼ばれました。

そしてインドばかりでなく、世界の図書館の指導者として尊敬を集めました。その最初の仕事がこの五法則でした。さらに「図書館員とは富の神（Mammon）の支配を受けるのではなく、一人ひとりの読者のために、無償で社会的サービスをおこなうのだ」と強調しましたが、これは五法則を貫く考えであるとともに、この人の一生を貫く信条でした。こういう考えが第一法則のわずか四語中に含まれているのです。

(2)いずれの人にもその人の本を

前の「使うもの」を受けて、「使う人」のことです。ランガナタンはこの「人と本とのかかわり」に原書の二、三、四章を費やしました。この第二法則は、それほど多面的なのです。それはまず長く続いた「学歴の高い、少数者のためのもの」ではなく、「一人ひとり、みんな」が「自分に適切な本を手にするところ」、それが図書館だ、と主張したのです。

図書館とは、その目的実現のために本を集め、本を「教育の道具」とみることで、「いずれの人にも教育を」という考えを具体化します。それを使う人びとのあいだにある差別、つまり男性と女性、都市住民と遠隔地に住む人々、識字能力の有無、図書館への距離や交通の問題、大人と子ども、さらに職業の違いなどを解消して、その人たちの「学びたい！」という意志を支える、それがこの第二法則なのです。

ランガナタンは、次に世界各国に目を向けます。北米大陸から始めて日本を含む三五か国の図書館、図書館協会、図書館法、教育の状況を述べ、英語を公用語とする各国の図書館充実のために尽くしたカーネギーの貢献にも触れています。

ランガナタンはさらにヨーロッパ各国での教育状況から、本人が興味を持てないままに教え込まれた知識は、その記憶がいずれ剝《は》がれ落ちる。自分の意志で学ぶことが大切なのだ。それによって人は成熟し成長する、と考えました。

それによって自分を築きあげた人たちは、国や自治体にとって「人という富」になる。その人たちの現在のために図書館を建て、学ぶ意欲を育てることで、将来、国や自治体に、現在図書館に投じる経費の一〇倍もの富が戻ってくる。今の図書館の経費は将来に生きる点で、健康保険と同じだ。そういう長い時間観を政府や議員たちが持ち、州や自治体の図書館法規を制定すべきだと考えました。そして、その制定のために求められれば常に協力を惜しみませんでした。

ここで、第二法則と第三法則の英文をご覧ください。そこには本動詞がありません。ここにランガナタンの五法則の主唱者としての配慮がみられます。ここに動詞が入ると、この条文の解釈がそれで固定します。ところが図書館サービスでは、人も本もまことに多様で、その組み合わせは万華鏡のようです。一つの言葉に限定することはできません。これを読んだ人が、目の前の多様性に対して、自分で適切な動詞を考えるのです。つまりこの五法則は、固定した考えを広めるのではなく、五法則の読者と著者ランガナタンがいっしょに考え、育てていくものという姿勢です。

そして図書館員は「一人ひとり、そしてみんな」のための図書館サービスに全力を傾ける義務を持ち、読者は、図書館の本が公共財であることを認識して、図書館規則を守る義務を持つのです。

(3)いずれの本にもすべてその読者を

第三法則は本が主体です。本にはそれぞれの性格があって人に働きかけますが、それがそのまま読者に伝わるとは限りません。そこで本に代わって図書館が発信し、読者にその存在を知らせます。それにはまず、本を読者が手にとって、「自分で見つける喜び」を感じるようにします。新着書架に置いたり、公開書架の上での並べ方に工夫をしたりするのはそのためですし、分類、目録、展示、本の紹介なども同じ目的です。ランガナタンは、商店ではお客さんが手に取って商品をよく見ることができるからこそ買う気になる、と言っています。

さらに、それでは探し出せない時の相談のためにレファレンス・サービスがあります。同じことを何人かで調べる時には、それぞれの持つ目的や使うべき資料が違います。それはちょうど万華鏡のあの狭い視野の中の小さな破片が、向きを変えるだけで新しい形を示し、同じものを二度とは作れないのと似ています。一つひとつの問題と向き合い、一人ひとりに適切な対応をして、その人の問題解決を援助したり、本を紹介したりするのが図書館なのです。

また新聞や雑誌は、図書館サービスの入り口となりますし、後日には大事な情報源となります。図書館の所蔵資料は、知識や情報源としての本と、その他の形態の記録媒体とで形成されます。そこで図書館としては、本の選び方が重要になります。その地域の人々の要求をとらえ、入手できるかどうかを知り、現在の蔵書との組み合わせを考え、さらにそれを求める人々をもっと深い理解に案内するだけの広さ・深さを考えて選ぶのです。もちろん予算への配慮は大事ですが。

こういう仕事に習熟するのには、長い経験と、本についての知識とセンスとを持ち、その土地のこと、そしてそれを使う人たちのことをよく知らなければなりません。図書館長の任務の中でも特に重要なのは、選書と広報とに責任を持つことだ、とランガナタンは言います。

またこの人は五法則の解説の中で、学術情報の提供に、それまでの「本」を基礎とするよりももっと細かく、一つの節や段落ごとの内容を探し出すのに有効な方法を提案し、それをこの人のドキュメンテーションとしました。ここにその先見性をみることができます。

(4) 読者の時間を節約せよ

第一から第三法則までは、簡単な表現の中に深い意味を含めていますが、ここにきて極めて日常的な表現となりました。そのために、この第四法則を軽くみる人もいます。しかしこれは、図書館の理想的なあり方を読者の面から表現したもので、大変重い内容です。書庫から本を運んでくる昔のやり方は、どれだけ読者の時間を空費したでしょうか。その解決のためにランガナタンはマドラス大学図書館で、読者の時間の空費、つまり待ち時間の統計を取り、その結果、現在の公開書架方式の採用を決定しました。

しかし、それでこの問題が片づいたわけではありません。図書館の仕事のすべて、選書、発注から貸し出しに至るまでのあらゆる段階で、仕事が合理的に組み立てられ、適切な人員配置があって、はじめて第四法則を実現できます。どこかに不具合があると、読者に時間を空費させてしまいます。これは病院での患者の待ち時間と似ています。待ち時間が短いことは患者として大変うれしいことですが、それは病院の非常な、そして不断の努力の結果でしょう。どこかに問題があると、たちまち停滞します。図書館も病院も、外からは些細にみえることを大切にし、必要なことには十分に時間をかけて準備をするという点では同じなのです。

ランガナタンはマドラス大学図書館での調査にもとづき、書架の配置や書架上の本の並べ方を読者にわかりやすくし、公開書架の案内と棚見出しを見やすいものに変え、本のラベルを決まった位置にしっかり貼り、汚れて見えなくなったラベルを貼り直すなど、基本的な仕事を進めて読者の便宜を図りました。それからレファレンス・サービスでの読者への対応、そのための目録や索引づくり、分類作業などの適切さ、そして職員の働き方などのすべてを検討したのです。

図書館から遠いところに住む人のためには、一九三一年にインド南部で、牛車による移動図書館サービスを始めました。この時代、この地方では、本という重いものを運ぶ唯一の手段がほかになかったからです。後年、自動車図書館が普及して、より効果的に第四法則を具体化することができました。インドの独立後には、国内外の図書館とのあいだに、情報交換システムが新たに構築されましたが、それもまたこの第四法則から生まれたものでした。

もう一つ強調したいことがあります。読者の時間を節約するとは、読者一人ひとりを人間として重んじることではないでしょうか。五法則全体の基調「一人ひとり、そしてみんな」ということを、その人にとってかけがえのない時間、という観点から表現したといえましょう。

(5)図書館は成長する有機体である

第一法則から第四法則までは、図書館の中でのことでした。ここでは一転して「社会の中での図書館」に目を向けています。これは「生命体は更新によって自己を維持する。つまり、成長を続ける生命体だけが生き残る。これは生物学上の事実である。図書館もまたそれと同じ性質を持つ生命体なのだ」ということの発展として第五法則が生まれたのです。それまでの本の保存という考えでは、本が増えたら倉庫を増やすだけでした。そこから脱却して、図書館とは「一つの生命体として成長し、社会の要請に応じて常に変革を繰り返し、それによって時代の要求に応じて活動できる存在」としたのです。これは大きな提言でした。

その活動に不可欠なのが図書館の三要素です。本やその他の記録媒体(図書館資料)と読者と図書館員の三者が一体となって働くことで、図書館の活動を維持します。そこから発展して、図書館間の協力が進み、国内だけでなく、海外の図書館との連携・協力に至り、国際的な図書館組織の確立に至るのです。

また、「一人」の成熟と成長にかかわる図書館の利用は無料であるべきことを、ランガナタンは英国の『大憲章』(マグナ・カルタ)になぞらえて「図書館の大憲章」と呼びました。つまり、図書館無料の原則は、国民の権利であり、その正当性は、一九世紀半ばに始まった英米両国での実践によって証明されている。そして図書館員は図書館の本と読者とのあいだに金銭を介入させないため、細心の注意をする義務と、図書館の大憲章を文字通り実行し、その精神を守り抜く義務とを負うと述べています。

こうした図書館を実現するためには、館内の業務や人事の管理、そしてみんなの協力によって読者のために働くという気持ちを育てる必要があること、それによって図書館が人と社会との活力の源泉となり、すべてに通じる教育の手段となることを主張します。この考え方が、図書館建築にも反映し、この考え方と活動とを支える建物ができ始めました。

五法則を再考する

五法則の説明が長くなりました。ここではそれをまとめてみたいと思います。

①本は、人の成熟と成長のため、つまり広い意味での教育のために使うものである。保存とは、それがいつか使われるためにおこなうのであって、保存だけすればよいというのではない。

②図書館は「知的活動の基礎を作る教育」を進めるための重要な手段であり、一人ひとり、そしてみんなのために働き、それによって人と社会の活力の源泉となる。

③五法則の各条文を規範として、図書館活動の自己評価をすることができる。第一法則から第五法則までを使って図書館活動の到達度を検討する。次いでその後の図書館活動を第一法則にもとづいて改めて検討する。これが第二段階である。つまり自己評価の歩みは、図書館とい

う円筒に刻まれるスパイラルとみることができる。このスパイラル運動は無限に発展する。

①に、「本は、人の成熟と成長のため」に使うものとまとめました。これは広い意味での「教育」をこのように表現したのです。学校教育が普及したために、「教育」というと学校教育のことになり、知識を教え込む、というイメージが強くなりました。それよりも、「人は成熟し、成長するもの」という教育観をランガナタン博士は持っていた、と言えましょう。彼の令息の記録によれば、ランガナタンは、次のように語っています。

人間というものは、その能力にほとんど差がないものだ。そこに違いが見えるのは、育つときの指導の良し悪しによる。本人には向かない指導や、まったく誤った指導がなされることがあるものだ。だから、誰に向かってもその人の短所を問題にすべきではない。むしろそれを修正できるように援助すべきだ。

子どもを教育するとは、物事の基本的な原則を理解するように導くことであり、またその原則の応用にはどうしたらよいか、どんな手段や方法があるかを知らせることである。

過去や現在への応用を記憶させることではない。

（『図書館の歩む道』）

こういう考えでしたから、ランガナタンは優れた教育者でもありました。大学で数学を教えるときに、一人ひとりの学生の数学の学力を確かめ、その学生に適する教科書を与えて「自分にも数学がわかる！」という喜びを持つように指導し、そのクラスのほぼ全員が州の資格試験の数学科目に優秀な成績で合格するまでに育てました。この「自分にもわかる！」という喜びを生むことが、ランガナタンのレファレンス・サービスの基礎になったのです。

日本では経済学者の宇沢弘文先生が「学生の一人一人がもっている数学に対する劣等感を取り除き、経済学という学問に対する興味を抱き、大げさにいうと、人生の生き方に対する信頼感を取り戻すこと」を教えてきた、と書いています。ここに「知りたいことを自分で解決できる喜び」を生み出そうという、ランガナタンと通じる考え方があります。そしてこれこそが、図書館の「人に対する姿勢」そのものなのです。

第五章　一人ひとり、みんなのために

1　学校図書館の現場から

これまで図書館の仕事とそこで働く人の考え方をみてきましたが、ここでもう一度現場に戻って考えたいと思います。これまで紹介した図書館の活動とこの章とがつながると、これからの図書館がみえてくる——そう期待したいと思います。

小学校での「図書館のちかい」

もうずいぶん前のことです。中国地方のある市の小学校図書館に行きました。この市では、早くから学校司書を各学校に配置して、児童・生徒たちの学校生活の中に、学校図書館が自然に溶け込んでいる、と聞いたからです。

小学校の図書館に入るとすぐに、壁の掲示が目につきました。

としょかんのちかい
㈠みんながよみたいほんをよめるようにじゅんびします。
㈡みんながしらべたいことを、本やしりょうでおうえんします。
㈢だれがどんなほんをよんでいるか、ひみつをまもります。
としょかんは、こんなことをがんばったり、きをつけます。

私は、この内容が図書館というものを的確に表現していることに、まず驚きました。これほどにやさしい言葉で図書館のはたらきを説明しているのは見事です。自分の実務時代を顧みて、私はここまで徹底してはいなかった、と恥ずかしくなりました。ここの子どもたちは、この学校図書館を使ううちに、図書館とはこういうところなのだ、と自然に知り、その使い方を身につけていくことでしょう。そして、これからの一生を生きていくうえで、何かわからないことがあったら、まず自分で探してみる。それでわからなかったら、図書館の司書さんに尋ねる。司書さんはきっと、本を探す相談にのってくれる、と自然に思うことでしょう。

それは生きるうえでの大きな力になります。そう思ってこの掲示に敬意を表しました。

その一面で、不安にもなりました。「ちかい」というのは、逃げ場のない、重い言葉です。そういう言葉で仕事に対する姿勢を表現する覚悟は見事ですが、学校図書館の現実は、一人の学校司書の希望を打ち砕くほどに厳しい。「みんながよみたいほんをよめるようにじゅんび」することには大きな困難があるはずです。こういい切って大丈夫なのだろうか、と思いました。

そのことを学校司書さんにたずねました。すると「確かにそういう懸念はあります。しかし、そういえる条件がだんだん整ってきたのです」と答えてくれました。それを聞いて、私が働きだしたころとはこんなにも違ってきたか、と感じました。

この訪問から三〇年後、ここの人たちは図書館とは本来何なのかと考え、「図書館の自由の宣言」の勉強会を開き、学校司書という仕事について話し合いました。そして自分の学校図書館の蔵書が生徒からの要求を満たせなければ、まず必要な本を購入するように努力する、次に学校図書館間での相互貸借を考え、さらに市立図書館、県立図書館に支援を求める、というふうに対応を広げたのです。つまり個人の努力だけでなく皆で協力してする仕事、という考え方と組織とを育てたのでした。これは大きな進歩です。そこでその共通の思いについて、実践の報告や講演記録から、私は次のようにまとめてみました。

みんなに共通なもの
生徒たちの読書について

- 生徒たち一人ひとりは、それぞれに発達の可能性を持っている。つまり生徒たちは、人人と同じように、それぞれ一人の人間として一所懸命に生きている。
- 子どもの時代は短い。今こそ、その子たちにとっての「適切な本」に触れてもらいたい。
- 何かを深く知りたいという気持ちは、その本人の中から生まれるのであって、教え込むものではない。その気持ちを納得させる「適切な本」と出会い、「学ぶ楽しさ」を知るのである。

学校図書館とは

- 「学ぶ楽しさ」を見つける感性や力、機会は、一人ひとり違う。それを生徒たちが見つけるために多様な本を集め、内容に従ってグループを作り、本棚に並べ、生徒たちの「こんな本があるんだ！　読んでみよう」という出会いを用意する。それが図書館。
- 一つの学校図書館は小さい。それでも生徒たちに、人が築いてきた知識の世界への入り口を提供したい。教科書は、読者の知識を深めるためにその知識の世界を解説する。その働きを一人ひとりに適切な本によって補い、理解を助けるのが図書館の仕事。

・それを上手に使うためには、「資料や情報との付き合い方」を知る必要がある。図書館は先生との連絡を密にして、必要な資料の見つけ方や、使い方、考え方、まとめ方、伝え方、そして人の考えを聞いて考え直すことなどを解説し、生徒一人ひとりがその「付き合い方」を身につけるように努力する。

・そういう理解を深めるのには、一人ひとりの生徒の好奇心の働きが大きい。先生は、その好奇心に働きかけようとして授業を組み立てる。図書館は、その先生の努力をさまざまな資料の提供によって支え、また本自身が語りかけるように工夫をする。生徒たちはそういう授業と図書館での本との付き合いによって、考えたり、納得したり、心を揺さぶられたりしながら、知識を身につけ、感覚を鋭敏にし、考え方を深め、そして心を豊かにする。そういう図書館に向かうための「図書館のちかい」なのだ。

司書さんたちはこういう考え方を持って、学校図書館で生徒と先生のために働いてきました。毎日の読書についての相談や選書、レファレンス・サービス、先生からの教材の相談、図書館を使っての学習計画の立案と実施などを通して、生徒一人ひとりの気持ちに働きかけてきたのです。

そうするうちに生徒たちの学習への意欲が変わり始め、それが先生に伝わり、先生が生徒一人ひとりの新しい面を見つけ、校長先生も図書館の働きを理解するようになりました。そこから教育委員会とその関係者の学校図書館に対する理解が生まれ、予算も増え始め、多くの人たちの協力が得られるようになったのです。

それがまた、この《ちかい》を支えています。この県の学校図書館が全国の教育関係者から注目されるようになったのは、そういう多年にわたる積み重ねの結果でした。

中学校の図書館で

この司書さんが中学校図書館に転任したとき、そこでも《ちかい》を掲示しました。同じ考え方ですが、ここにはこれから先、図書館で必要なものを自分で探すときの手がかりが含まれています。つまり、ずっと先までのことを考えた表現になっているのです。

図書館のちかい

㈠〔この〕中学校の図書館は、みなさんが読みたい本を読むことができるように準備します。
⇓見当らないときは「予約」をしてください。

㈡〔この〕中学校の図書館は、みなさんが知りたいと思うことを調べられるように、一緒に資料をさがして手渡しします。
⇓「レファレンス・サービス」を活用してください。

㈢〔この〕中学校の図書館はプライバシーを尊重し、だれが何を借りたかという読書の記録を、本人の了解なしに他の人に伝えることはしません。

こういう学校図書館を経験した生徒たちは、進学後も図書館の使い方が上手な人として評価されました。それは、自分でものを考えようとする生徒であり、学生であるということです。これは社会に出た後でも、その人を支える大きな力です。それを身につけた人たちが世の中を支えるのだ、と言えるかと思います。

こういう《ちかい》を掲げて働く司書さんたちを、教員はどう見ているでしょうか。

この市の教育委員会と学校司書組合との話し合いの席上、一人の教員が次のような発言をしました。

〔学校司書は〕本のことをよく知っていて、教育のことにも理解がある。しかも、子どもたちと近いところで接していて、子どもたちの成長についてよく知っている。そういう学校司書がいることは、〔この〕市にとってとても大きな財産ではないでしょうか。……そういう専門性を持った学校司書を育てることは、市の責任であり、これからの長い時間を考えた場合、そういう学校司書がいることは、〔この〕市にとって、とてもいいことではないでしょうか。

（『「図書館のめざすもの」を語る』）

これは、ずっと学校司書の働きを見続けてきた教員の発言です。そして、私が傍線をつけた最初の二行で学校司書の持つべき要件を四つ挙げ、その仕事を長い時間軸の中に置き、市の責任についても述べています。日本の学校図書館も、ここまで理解されるに至ったか、と思いました。

この四つの要件は学校司書として当然のことですが、これを満たすのには非常な努力が必要です。ここまでやったらいい、という限界がないからです。しかもそれを学校図書館という一人職場でしなければなりません。その仕事の多様さ、一つひとつの仕事への心配りなどを私の友人の学校司書さんは「コンビニを一人でやること」とちょっと似ている、と言います。コンビニを一人で運営する、と言ったら、誰もが無理だというでしょう。その忙しさの中で、常に前向きであろうとするのは大変です。

その働きの中で、この《ちかい》は、毎日学校図書館で出会う生徒たちを「一人の人間としてみること」の上に立っています。「一人の人間」に対するからこそ「誓える」のです。そしてそれを、仲間の学校司書さんたちと共有することで、一歩一歩理想に近づく——この仕事は、そういうことではないか、という思いを深くしました。

生徒と先生とが図書館作りの仲間に

さて、ここから何が生まれるでしょうか。学校司書としての思いがいつか生徒たちに伝わり、生徒のあいだで学校図書館の本が話題になる。それが生徒たちと学校司書との話し合いになり、先生たちもそれに加わって、そこから教科に関する本のことも、この年代の若者として読む本のことも、そして学校図書館で備えて、みんなでわけあう読書のことも話し合う空気が生まれるでしょう。

この時、生徒や先生たちは、図書館サービスの「受け手」から、「自分たちの図書館を作り上げる仲間」に変わります。これが学校図書館の一つの理想像ではないでしょうか。この地域の学校司書さんたちは今、その方向への努力を続けている。私にはそうみえてきました。

2　中・高校生のコンパス(羅針盤)

独自な教育をする私立の中学・高等学校があって、学校図書館が活発だ、と聞きました。東京の副都心から西北西に特急で一時間、山々の緑の始まるところに、その学校がありました。

そこで渡された学校案内は確かに独自でした。来年の受験生のための学校案内を作りたいという卒業生たちが、在校生や先生の意見を求めて作った案にもとづいています。ここで学んだ生徒たちの「自分たちにとって、こういう学校なんだ」という声が聞こえる学校案内なのです。

そこで生徒の生活と学校図書館とのかかわりをみようと、この学校案内をまず読み、以下のようにまとめてみました。

学校の場で

生徒はここで三つの道具を手にします。「めがね」と「ひきだし」と「コンパス」です。「めがね」とは、新しい見方を開く感性と能力とを自分の中に育てることです。それを使うことで知識や経験の新しい意味がみえ、その世界に入り、自分の視点を調整しながら、その世界を体験します。「ひきだし」は、自分に見えてきたものを記録し、保存します。記憶に刻み込むか、カードやノートを活用することもあるでしょう。最後の「コンパス」は、「めがね」と「ひきだし」で「一人ひとりの自立性」を見つけた本人に、次に進むべき方向を示す羅針盤です。その形はいろいろで、自分の体験と思考にもとづく思いつきや、友人、年長者(先生たちを含めて)との会話、相談、助言などの無形のものと、学校図書館という有形なものとがあります。

また、この学校では、点数よりも、一人の生徒がその授業で何を学んだか、あるいは何に躓《つまず》いているか、それを前期・後期に一度ずつ「学習の記録」として提出します。先生はそれを丹念に読んで、感想や助言を書き入れて生徒に返します。

このやりとりで生徒に、先生が自分の存在をまとめて受け止めてくれた、という思いが生まれ、わからないことをなんとか理解しようとする原動力が育ちます。先生にとっては、その生徒が今、何で困っているか、何が躓きの原因か、を知ることができます。一人ひとりに返事を書くのは非常な努力と時間を要しますが、それによって先生と生徒とで授業を作り上げ、生徒は授業の「聞き手」ではなく、授業を創造する仲間の一人となるのです。

生徒が創造の仲間となれば、教室は教え込みと記憶の場ではなくなります。「あなたはどう考える？」、「どう感じとる？」、「友だちとは、社会とは？」と繰り返し問われ、そこで生徒一人ひとりが自分の言葉で深く考え、みずから学ぶ喜びを見出すことになります。そこでここでは、その機会を得るために、中学では「森の授業」があり、学校周辺の森に入って観察し、作業をしますし、高校では「異文化との交流」や「自然と向き合う」選択科目でそれを学びます。

また、中学生も高校生も二年生を中心に、三年生の卒業式の準備をします。入学式、体育祭、文化祭、音楽祭などの学校行事は、すべて生徒たちの手作りです。こうして手を動かし、体を動かし、心を働かせて学ぶ機会を作っていくのです。

また高校には、英語や数学について、今まで学んだことをもう一度やり直したい、という生徒たちのために、「数学基礎」とか、「一からの英文法」などという選択科目があります。これは補習授業ではなく、基本の重要さに気づいた生徒たちの要望に応えるための正規の授業なのです。自分から積極的に学ぼうとする意欲を重んじ、それを育てる、それがその生徒にとっての生涯学習の入り口なのだ、と私は思いました。

学校図書館を訪ねて

いつも問いかけられているとすれば、生徒のほうはさまざまな方向に自分の考えを深めておかなければなりません。それには「考える材料」が必要です。それを自発的に探すために、この学校の図書館があります。

私の読んだ『二〇一五学校案内』には、その生徒活動の締めくくりに一ページ全面を割いて、一人の生徒と司書との対話を載せています。ここに、この学校での生徒と年長者とのかかわり（教師も司書も、学校の食堂で食事を作る人たちなどもみんな含めて）が描き出され、そこからこの編集にあたった卒業生たちの、「自分を見つけ、育てていこうとする人なら、きっとここで何かを見つけるよ」という声が聞こえてくるようです。そしてその場所の一つが図書館でした。そこで図書館を訪ねました。

それは生徒昇降口のすぐ上、つまり学校内の動線の交点にあって、廊下をいくと自然に図書館に入る、という感じです。そしてこの図書館は、他の学校図書館とは何か違いました。よそでは、授業で調べものをするとか、宿題をやるための図書館という感じですが、ここは、ここで生活をする人たちの図書館、つまりやむを得ず来るのではなく、来ることがまったく自然、という雰囲気でした。一つにはこの学校に寮があって、全校生徒の二割近くがそこで生活していることもあると思います。でも、それだけではなさそうです。

そこでここの司書さんに聞いてみました。この方は、学校創立の計画段階から司書としてかかわり、文字通り、この図書館といっしょに生きてきた人です。ここは中学、高校併設ですから、この司書さんと、若い世代の司書さんと二人でサービスにあたります。この図書館が六学年にわたる目配りができるのは、こういう人員構成が大事なのだ、と思いました。

司書さんがいう、この図書館の基本的な考え方は「子どもの権利条約」です。特にその第一二条「意見表明権」と第一三条「表現・情報の自由」を実現する場でありたい、ということでした。そうすると権利条約のいう「子ども」が、抽象的な存在ではなく、この学校で生きる生徒一人ひとりという具体性を持ってきます。その「一人ひとり、そしてみんな」のためにこの条項を実現する図書館として、次のことがあります。

①図書館の運営、資料の選定、そして全体的な蔵書構築に生徒たちの意見を反映させる。

②展示やインテリアを、生徒の作品発表の場として積極的に提供する。

③館内レイアウトを生徒の視点から利用しやすく親しみやすい空間とするため、ディスプレイやサインなどを、生徒たちとの共同制作を含めて創りだす。

④読みたい本、借りたい本の「予約」に対しては、常に誠実な対応と徹底した資料提供の姿勢をとる。

⑤個々の表現の自由(作品以前のウズウズ)の発露に親身に向き合う。

⑥生徒たちと「図書館の自由に関する宣言」を読み、また「図書館員の倫理綱領」も掲示し、

司書の仕事と図書館の現況を生徒たちの視座から検証する場を定期的に設ける。そしてそれを実践し、推進する司書として「基礎的なところからのサポート」という基本的な姿勢を守ってきたつもりだ、と話してくれました。

それを聞いて、この学校図書館の持つ雰囲気がわかった、という気がしました。それは、ここで聞いたことが、あの『二〇一五学校案内』の雰囲気と同じだからですし、もう一つ、この章の1に掲げた《図書館のちかい》とも通じるものだからです。それはこの学校自体が、「子どもの権利宣言」と同じ基盤に立ち、それを実現しようとしている、それを形に表し、教育の理想を支えようとするのが、この学校図書館だからでしょう。

雑誌を発行

さらにその後で、この図書館には「読書・出版相談室」が設けられ『Voice ―森の声―』という雑誌を二〇〇八年以来、年に六冊発行し続けていることを知りました。これは生徒たちの声や、学校主催の講演会への生徒たちの感想、また、生徒が一人の人間として扱われても、それに応えるのには厳しさが必要だ。自分はそれに応えられるだろうかなど、多彩です。

生徒の作品発表は他の高校でもおこないますが、ここではそれを前に書いた⑤の実現と考えていることと、「読書・出版相談室」を持つこととで、生徒たちがさまざまに体験し、学びを深める機会を作っています。図書館が出版にかかわるのは、旧来の図書館観からみると異なるかもしれませんが、実はそこで生産する知識や情報をまとめ、それにふさわしい形にして保存、提供するのは図書館の仕事の一つですし、第四章に述べた、東日本大震災後の地域資料の収集と編集、出版、そして保存と利用に通じるものでもあります。

見学を終わって、忘れていたことを思いだしました。この学校案内を見て以来気にかかっていたことです。もし私が生徒としてこの学校に入り、しばらくしてから、ここは本当に自分が来るところだったか、と疑問が生まれたらどうするだろうか、と思っていました。実際にありえなくても、私にとっては大事なことでした。

それをここでは、すっかり忘れていたのです。そのことに驚きました。この図書館の雰囲気が、それを忘れさせたのでしょう。困ったことがあったら、ここに来ればいい、何かが見つかると、自然にそう思わせる図書館でした。

帰りがけに司書さんが「それでもまだまだすべきことが、たくさん残っています」と言われたのも強い印象となりました。図書館で働くとは、そういう考えを持ち続けることなのだ、と改めて思いました。

3　大学の授業と学生と図書館

大学の授業で

東京の郊外にある大学で、学生さんたちが図書館学の授業に意欲的に参加しているという話を耳にしました。そこで詳しい話を聞くと、授業と図書館とを結ぶと、大学ではこういうふうに人が育つのだ、と思いました。

その授業は、司書教諭への資格講座です。教職課程で学び、さらに司書教諭をめざす人がこの授業に参加します。シラバスには「毎週宿題を出し、それにもとづいてクラスでの討論をするので、忙しい生活になる」と予告しています。この年は一五人が参加しました。

この授業の構成

この授業の前期は「学校経営と学校図書館」です。「知の集積」としての図書館の歴史と現代社会での働き、その働きのすべてを挙げて学校の教育を支えること、図書館以外の知識の集積との関係、知識と情報とのかかわり、人間が生み出してきた記録媒体（本とその他の媒体を含めて）とその組織法の実際、が前期の講義内容で、その理解を確かなものにするための毎回の小テストと、最後の小論文とによって構成されています。

後期は「学習指導と学校図書館」です。

学校図書館で生徒たちが身につけるもの、それは「授業や自分の目的の達成のために、必要な知識や情報を探し出す力」です。この力は「読み・書き・計算」の能力に続く、四番目の知的能力（レファレンス）と呼ばれます。これを持つことで、生徒は学校の勉強にも、挫折を含む自分自身の問題についても対応することができるでしょう。

そうすると、生徒たちのために働く司書や司書教諭自身が、養成課程でしっかりとこの能力を身につけなければなりません。後期の主眼は、ここにあります。そこで、まず四〇題からなる問題集と、問題解決に必要な参考資料のリストとを配ります。これには、各分野ごとの文献目録、ハンドブック、辞典、事典、年表、目録、書誌（本や論文のリスト）、索引、電子図書館ホームページなど約四〇〇〇タイトルを収録していて、この授業ばかりでなく、教職科日にも、また各学部での自分の専攻科目の問題解決にも使って、視野を広げることができます。

なおこの問題は、すべてこの大学図書館の蔵書で解決がつくものばかりですし、そのうえ、この大学図書館の参考係に連絡して、この演習に参加する学生に対して、適切なレファレンス・サービスを提供するように依頼してあります。教室でこの演習の説明をする時も、最後の小論文の説明にも、参考係の司書が参加して質疑に応じることになっています。まことに周到な授業計画といえましょう。

この演習は七週間で、五〜六人のグループを作り、その中の四年生か大学院生をリーダーとします。そしてまず一人ひとりが問題を調べ、それをグループで討議して、解決の手順と結果とが適切かどうかを話し合います。リーダーはその話し合いを主宰します。もしリーダーに解決できない時は、司書と相談することになっています。その後に全員で討議し、この問題の解説と回答をまとめた資料を配付します。この回答は、解決に至る一例を示すものであって、今後別な参考資料によって同じ類型の問題がもっと容易に解決できるかもしれない。そういう視点を持ちながら、これからの問題と取り組んでもらいたい、という期待を込めた資料なのです。そして最後のまとめの時間で、学校図書館の現場では、こうした解決法を教え込むのではなく、一人ひとりに応じた適切な援助をすること、そしてその援助は、本人が「自分で問題を解決できた」という大きな喜びを持てるように配慮する、という言葉で終わります。

学生からの反応

こういう授業に対して、学生さんたちはどう受け取っているでしょうか。

受講生の多くが、自分で問題を解決する喜びを知った、といいます。そしてその結果をグループで討議することで、違った考え方のあることを知り、考えをさらに深める機会を得たこと、前期で理論を、後期で演習を、という順序が適切で、授業内容が身についたこと、インターネットで検索してそれで終わりとしていたことが、本の形での参考資料に触れることで、それぞれの特徴や長所、短所を知り、より深い知識の世界のひろがりを感じ取ったことなどを語っています。そして、そのための授業の構成と準備、一つひとつの問題の解決に力になってくれる図書館員の存在、図書館が収集している資料の広さ、深さなどに目を開いたともいいますし、この授業で得たことを、まず毎日の学生としての学習と研究とに生かし、それに立って職業の選択を考え、その後の社会人としての生活に生かしたい、と考える人もいます。そういうことが学生さんたちに浸透してゆけば、この授業の基本的な目的は達成されたのだ、と思いました。

もう一つ、この先生は黒板を使います。それを学生さんたちは好意的に受け止めているようです。おそらく板書をするという時間を持つことで、一方的に言葉が流れるのではなく、教師と学生とが字を書くという共通の仕事をする。そこに流れる静寂と、文字を書くことによる参加の感覚によって生まれる何かがある、と見ることができました。手を動かすことで、疑問をメモしたり、質問したいことに印をつけたりもします。

この現象は米国の大学院でも見たことがありました。板書が始まると、空気がさっと変わって、書くこととその後の聞くことに集中することが始まりました。これは、学ぶことの一つの姿として考えてみるべきことかと思います。

大学図書館への影響

この授業はこの大学図書館の職員、特に参考係の司書さんたちに刺激となりました。

司書の仕事には、読者の必要に応じて適切な資料を提供することと、所蔵資料の活用を図るという二つが含まれます。これを実現するためには、資料を知り、使う人を知り、その二つを結びつける方法や技術を持たなければなりません。学生さんたちに文献探索の支援をすることは、この三つを養う大きな機会です。一人の読者が、その本をどう使うか、どこに躓くか、それをどう解き明かすか、あるいは、その本でなく別な本がよいのか、ということが、この一人を前にしてわかってくるからです。そういう援助をすることと、この演習のまとめの授業に参加することは、図書館と図書館員の存在を、はっきりと学生さんたちに示します。また、学生さん自体を知り、図書館サービスを授業とともに考えることによって、新しい図書館サービスが見えるようになりました。

そう考えると、この授業は、ただ受講生のためばかりでなく、図書館を通して、大学教育に貢献をしたことになるでしょう。

一方、大学図書館では以前から、高校図書館の様子がわからないとオリエンテーションの計画が立たないという悩みを持っていました。それはコンピュータをどのくらい使ってきたかということでした。それが今後は、日常のサービスの中で、今まで学校図書館や公立図書館をどれだけ利用したかが見えてくるのです。高校で図書委員会のメンバーであった学生さんは案外にいるものです。そこから、図書館と学生さんたちとの新しい関係が、図書館資料の利用を通して開けていくでしょう。大学図書館もまた、一人の人の一生を通じての本とのかかわりの一局面なのです。

この先生の授業は二〇一八年度で終わりましたが、この授業で蒔いた種が、いつか芽を出すことに期待したいと思います。

人と図書館とのかかわり

この授業で学生さんたちが、「自分で調べて問題を解決せよ」といわれてとまどうのは、かつて小学校や中学校で、調べ学習が盛んであった時の生徒たちのとまどいと似たパターンだと思います。もちろん年齢も考えのレベルも違いますから、まったく同じではありません。しかし、さてどうしたらよいか、と立ち止まったり、はじめは順調だった調査が行き詰まって、調査の対象を変えたくなったりする点ではよく似ています。そういう時に、焦っても何も見つかりません。そのうちに時間がきて、ますます困り果てます。これは年齢や経験にかかわらず起こることです。

実は「知の集積」と簡単にいいますが、その集積の中身はジャングルのように入り組んでいて、一人の人に必要な知識を引き出すのは、容易ではありません。まず自分が何を知りたいのかを確かめ、それぞれの資料の性質を知り、その使い方に慣れることが必要です。つまり「自分でものを考える人」を育てるのには、その「育て方を支える仕事」が大切なのです。それが学校図書館、大学図書館を充実し、有能な司書を配置し、そこでの図書館の運営方針を「一人の学ぶ人のために」確立する理由です。だから、新しい教育方法を採用しようとしたら、それと同時に、図書館の充実を考える必要があります。第三章で述べた、学校教育法施行規則の規定は、このことだったのでしょう。

戦後すぐの社会科教育の時も、その後の調べ学習の時も、先生の努力に俟《ま》つばかりで、その教育を支える部分には十分な手当てがないままでした。それはこの国の貧しさの故でもありますが、「若い人たちが、本を読んで考えるようになるためには、その本を手渡しする人が必要なのだ」という考えに乏しかったのです。今日、小・中・高や大学で、学生さんたちの学びを支えるいろいろな試みがおこなわれるようになりました。ここに述べた授業は、そういう新しい方向に基本的な示唆を与えてくれると思います。

４　地域で図書館をつくる

新しい市立図書館構想

二〇一六年の初夏、中国地方に新しい市立図書館が開館しました。秋に見学に行きましたが、図書館の隅から隅に至るまで「ごく自然に市民が本を探せるように」という図書館員の思いを感じて、心強く思いました。それは図書館の名称にも表れています。市立図書館といういかめしさではなく、「ここは、市民一人ひとりのための図書館です」という姿勢のあらわれとして〈市民図書館〉と名乗っているのです。

この図書館ができたのには、まず市長の公約がありました。次にそれを受け取って市民のための図書館を実現した図書館専門職とその仕事に協力した市役所の人びと、そして市民からの協力と、この三つがそろったのです。

市長は、日本と英国の大学院で公共政策について学び、その後、英国の市役所で業績管理の実務を経験しました。そして、一九九〇年代の英国の政策の裏表をつぶさに観察し、市場原理や競争の効果に過度の期待をかけず、公共の役割を大事にすべきと深く考えました。その役割を常に模索した結果、民間などさまざまな主体と協働して、信頼のネットワークによるまちづくりをおこなうという考え方に到達、そこから、「まちづくり、人づくりの拠点としての図書館整備」を市長就任の時の公約としたのです。

それは、図書館が単に本の貸し出しの設備ではなく、広範囲にわたる働きを持つ機関であって、その中でも「人づくり」という地域文化と教育との向上をめざしており、そこに図書館職員と図書館の利用者、さらに市民全体の人材育成という「学びあいの視点」が含まれているという認識があります。この仕事の効果は、目にも見えず、定量化もできないため、市場原理の適用ができません。そこで公立・公営による建設・運営が採択されました。

その実現のために

図書館を市民のためのものにするため、まず基本理念を確立し、実際の準備作業を進めようとして、その責任者となる館長候補者の全国公募をおこないました。それによって新しい図書館の整備や運営の経験を持つ図書館専門職員を選び、まず市長部局の企画担当課に配属、各課と連携しながら、図書館をまちづくりの中心に位置づけるために調整しました。図書館計画を立案し、市民の協力を得て実施する基礎固めとして、しっかりした土壌に確かな種子を蒔き、そこからの成長を図ったのです。その次の年度からは教育委員会に図書館準備室を置き、館長候補者を室長として準備を始めました。

準備室の仕事は、まず、図書館とは何か、この市の新しい図書館とはどうあるべきかを、市民とともに時間をかけて作り上げることから始まりました。つまり、図書館が形をみせる以前に、図書館のある暮らしについて考える「としょかん未来ミーティング」を立ち上げたのです。そして、市内の図書室や美術館など社会教育施設を見学して、市民から見た図書館の問題点を洗い出し、こういうことを解決したい、というワークショップを開き、そこでの話し合いを市民に公開しました。それから、今度できる図書館はこういうふうにしたい、という意見を出し合い、それを公開して、市民も行政も理解を広げ、計画に反映されるようにしました。

この「未来ミーティング」では、子どもたちが図書館をどう考え、何を望むかを語り合うワークショップも開かれました。それはまず代表となる子どもたちを公募で選び、その子どもたちが企画し、運営したのです。この子どもから大人までの市民の考えを集約して、「新図書館整備基本計画」が生まれ、そのワークショップを開き、その検討の結果「新図書館整備実施計画」がまとまって、実現に向かうことになりました。それにもとづいて基本設計ができ、これについてまた、市民が意見を出し合いました。

その一方で準備室としては、幼稚園、保育園、高齢者施設への巡回サービスを始め、図書館活動の実際を目に見える形にしました。それが自動車図書館の無償供与につながり、巡回する本の数が二倍になるという予期しなかった発展もありました。

市民からの協力

準備室の活動と呼応して、市民の協力も活発になりました。図書館に対する関心の高まりとともに、この地で生まれた操り人形の展示と上演をし、市民と地元の陶芸館との協力による手作りタイル三二〇〇枚が図書館南側の壁面を飾っています。また、図書館活動をみんなで支えようとして設立された「図書館基金」に対しては、ボランティア団体が募金を進める目的で、独特のステッカーをデザインし、その収益を基金に繰り入れました。

新図書館には、基本理念と七つの指針があります。

基本理念とは「もちより、みつけ、わけあう広場」で、「もみわ広場」と呼んでいます。

七つの指針とは、以下になります

①市民が夢を語り、可能性を拡げる広場

②コミュニティづくりに役立つ広場

③子どもの成長を支え、子育てを応援する広場

④高齢者の輝きを大事にする広場

⑤文化・芸術との出会いを生む広場

⑥すべての人の居場所としての広場

⑦この市の魅力を発見し、発信する広場

この七つの指針を具体的な形で示しているのが、この図書館の選書についての考え方と、本棚の上の本の並べ方です。選書については、七つの指針のすべてがかかわりますが、その中でも①の「可能性を拡げる」ことを特に意識して本を選んでいるとみえます。市民が今必要とす

る本は何か、というのが選書の出発点ですが、ここでは、その次の段階として、市民がより深く調べたり、関連する分野について考えたりする可能性を大事にし、そういう奥行きのある本を市民が「見つける」ようにしようという努力をしているのです。

次に、本棚の上での本の並べ方ですが、普通は日本の図書館で標準とされている日本十進分類法により、その分類を示す漢字を大きく書いて、読者への案内としています。この図書館ではそれをもう一歩も二歩も進め、その言葉を日常の言葉に和らげて、誰もがすっとわかるようなものにしたのです。

例えば、地理・地誌・紀行の京都・大阪周辺の本は、本棚の上のほうに、近畿地方に出かけようと書いてあります。そしてその下に並ぶ本のあいだには大阪に出かけよう、兵庫に出かけようと書いた案内板が入っています。それに導かれて、そこに並んでいる本のタイトルを読むと、自然にその本に手が出るのです。同様に基礎医学の棚では、人体の仕組みや検査結果でわかること、幼児・初等・中等教育では子どもの育ちを支える、衣食住の習俗の服装のところでは、「男子」ではなく男の着こなし、老人福祉では素敵に年を重ねるという、まさに「素敵な」言葉が並んで、読者に語りかけています。これはこの図書館の七つの指針そのものが言葉になったといえましょう。この図書館の五年間の準備期間中に、図書館員によって「ここの人の言葉」として考えられた結果がこれなのです。

しかもこの言葉を選ぶときには、市民がこの案内板を読んで行き過ぎてから、「オヤ、あれは？」と思い、戻って見直す、ということも考えたといいます。今まで使ってきた言葉をただ言い換えたのではなく、無意識のうちに心に残るような、そういう言葉を慎重に選んだのです。だからこそ人がもう一度、その本棚のところに戻るのでしょう。その心遣いに脱帽しました。

こういう試みは今までにも部分的になされていましたが、一つの図書館全体で、というのはここが初めてでしょう。これは、図書館員それぞれが「この図書館の読者のためには、どういう表現がよいのか」とみずから問いかけたからでしょう。

それぞれの図書館でも、市民に語り掛ける本棚を考えてもいいのではないか、と思いました。これは日本十進分類法の改変を意味するものではなく、そこに使われてきた言葉は専門用語として、市民には日常の言葉に和らげ、誰にもわかるように、ということです。もちろん家庭衛生の本を医学に、育児の本を教育にまとめるという実用上の工夫はその図書館の裁量の範囲で、日本十進分類法の使い方の範囲です。

開館後

この図書館は、市民図書館を拠点図書館として、三つの図書館で構成されます。この三館の連絡と、幼稚園、保育園、高齢者施設の巡回にあたる移動図書館と図書館間の配送便とによって、市内全域にサービスをしています。学校図書館は小学校一〇館、中学校三館のほとんどに専任の学校司書を配置していますから、その支援は拠点図書館の大事な仕事です。

読者に対する貸し出しは、一人二〇点まで、期間は二週間です。開館二年目で三〇万七六九三点を貸し出し、人口三万八〇〇〇弱の市で、市民一人あたり八・三点になります。また、調べものカウンターに寄せられた相談は二五三六件、他館からの協力貸し出しは七五五件に上りました。この図書館ができたことで、こういう活動が活発になったことがわかります。

読書というのは個人の営みですから、この図書館の本が一人ひとりに語りかけるように並んでいることは前に述べました。そのほかに、一〇代の若い人たちのためのチャダルト(チルドレンとアダルトの、この図書館での合成語)コレクションや、放送大学と放送大学院のテキストのコレクションなどは、一人の読書にも、またグループ学習にも使われるでしょう。

そして市民が公民館と市内文化施設の行事に参加することは、一人からグループ学習へ、そしてまた一人の読書へ、という機会を作ります。「今自分に見えている世界よりもっと奥の世界がある」と感じることになります。

そのために適切な環境、つまり「市民が自分と向き合って考えるために、考える材料と環境とを用意する」ことが「しあわせ実感都市」の実現への道であり、それを市の責任とし、一人ひとりがここで生きる力を支えるのだ、という信念がこの市の根柢《こんてい》にあると思います。

そういう点で、この図書館の今後の充実に大いに期待したいと思います。

第六章　人と本とをつなぐ仕事

図書館については、多くの辞典が、図書、記録やその他の資料・情報を集めて、それを必要とする人に提供する施設、としています。これは図書館法にもとづいていて、確かにその通りです。

しかし今日のように、図書館の機能を重視して考える時代には、「施設」という言葉が気になります。むしろ「組織体」と言いたいところです。そしてこの組織を動かすのは「人」です。図書館とは、そこで働く人によって、良くも悪くもなる、と言われます。そこでこの本では、人が生まれてすぐに出会う「本とのかかわり」から始めて、広い意味での図書館や子どもの読書のために力を尽くす人たちが、その仕事から何を学び、どう考えてその仕事を組織し活動してきたか、その実例をあげました。そこから見た図書館というものを、重複をいとわずここで改めてまとめたいと思います。

1　本というもの

昔からの本の形ばかりでなく、今は音声や映像の記録が、新しい形で次々と出てきました。ここでは煩雑を避け、それらを一括して「本」と呼びたいと思います。

これは人間が感じ取ったり、考えたり、行動したりしたことと、その分析、検討の記録です。それは、内容も形態もまことに個性的で、多種多様です。そこでその特徴を組み合わせて理解を助けるのが、これからの図書館の新しい活動となることでしょう。

それを必要とする人

人もまた、一人ひとり違います。何人かで同じテーマを調べると、その考え方も、その人の持つ条件も、それぞれに違います。ただ、初めてその仕事をするときにどうしたらよいか迷い、調べはじめて壁にぶつかり、困るという点では、よく似ています。

それに対して、できるだけ多種多様な「本」を備えて、読者が見つけやすいように用意するのが図書館です。その存在を読者に知らせるのには、「本」そのものが読者に語りかける方法と、「本」の語ることを聞き取って、図書館員がそれを人に伝える方法との二つがあります。

本が人に語りかける

図書館では本を新着書架に並べたり、時の話題でまとめて展示をしたり、著者名、書名、出版社名をすぐ目にできるように、その面を上にして目立つところに置いたり（面展示とか面出しと言います）して、本が読者に語りかけるようにします。新着書ばかりではなく、蔵書を公開書架上に並べること自体が本の言葉を聞く場なのです。

本に代わって伝える

また、図書館の広報に新着書のリストを載せたり、蔵書の中から一つのテーマにかかわるさまざまな本を取り上げて紹介したりします。こういったことが公開書架では探しにくい本と人とをつなぎます。また、子どもたちのためのお話し会では、本というものは面白いもの、楽しいものであることを伝えるのが目的ですが、その時のお話やブックトークは、著者に代わってその思いを子どもたちに伝える仕事です。つまり、この時の主役は著者ですから、担当者は著者が何を語りたいかを事前によく考え、どう表現するかを慎重に考えるのです。

2　一人の読者のために

相談を受けて

図書館には、相談係とか参考係というデスクに司書を置いています。蔵書の利用だけでなく、図書館で働く人の知識や経験を利用できるのです。この人は、本の世界の道案内人ですから、読者が目的の本を見つけるまでは、本棚のあいだを歩いていっしょに探してくれます。

でも読者に代わって本を読み、問題を解決することはしません。わからないことを自分で解決できた喜びは、その読者のものです。それがその人の次の問題解決に役立ちます。この質問は、その人のプライバシーの一つですから、図書館で働く人はその秘密を守ります。

そして、この本を読みなさい、と押しつけるのではなく、いくつかの本を見せて「この中で貴方のお役に立つものがありましたら」というのが本来の方法です。それには図書館員の経験と知識の蓄積が必要です。さらに、図書館には選書から始まって「本」の整理や保管、貸し出しに至るまでさまざまな仕事がありますが、その全部が充実し、組織化されて、やっと「本と人とをつなぐ仕事」ができます。その一館で解決できない質問に対しては、図書館という組織全体がそれを支えます。

ものを探す力

こうした案内を受けるうちに、読者は、自分に必要なものを探す方法を自然に理解するでしょう。司書が本を見せながら具体的に説明することで、それがわかってくるのです。だから図書館は「教え込まれるところ」ではなく、「自分の感覚を働かせて学び取るところ」です。

昔から「読み、書き、計算する能力」を人間の知的能力としてきましたが、今は図書館で「必要なものを探す能力」を身につけるようになったのです。これは、一生使える能力です。

こうした学び方にまだ慣れていない人には、必要な手ほどきをします。それが、その人と

「本」とをつなぐ入り口になることでしょう。

災害と図書館

二一世紀に入って、大きな災害が続きますし、また来るといわれている大震災への備えも強調されています。そんな中で突然の被害からやっと自分を取り戻した人が、避難生活の中で一人になれる場所を図書館に求め、持ち帰って読む本を探し、次いで被災の処理や連絡のために図書館を使う、という生活のパターンが各地から報告されています。図書館とは本好きの人たちが行く特別なところ、という長い間のイメージが、災害から立ち上がるための一つのよりどころにまで変わってきたのです。それには、災害発生以前の図書館サービスがあってこそ、です。

もう一つ大事なことは、子どもたちのことです。大人は図書館の復興を待ってくれますが、子どもたちの心の痛手に対しては、最初の一週間が大事だ、といわれています。読み聞かせにもお話にも、絵本の提供にも、大きな恐れに直面した子どもたちの心を癒すこまやかな配慮が必要です。これもまた普段からの準備と、災害後すぐに動きだせる態勢、行政の理解と施策が必要ですし、子どもの成熟と成長にかかわる人たちみんなで考え、準備を重ねるべきことの一つでしょう。図書館はそのための本の供給源であり、混乱の中にあっても、実施の場として働くのだと思います。

教と育と教育と

ここで述べた「一人の人」の問題解決への援助が、学校図書館でも大学図書館でも、また県および市町村立図書館でも用意されていて、「わからないと思ったことが自分にもわかる」と思い、「できないと思ったことが自分にもできる」という喜びを持つことができるのは、人が生きるうえで大事なことではないでしょうか。

今日、学校教育の普及によって、教育とは集団でおこなうものと考えられているようです。しかし、その教育の受け手からいえば、それに乗り切れない自分がある。そこに、成績評価とは関係のない司書から、自分に適した援助が得られ、それにより自分が選ぶことを重ねて力を育て、問題を解決することが期待されます。

ただ、その力がいつ動きだすかはわかりません。それを「待つ」のが図書館です。これは、人の成熟と成長とにかかわる仕事として、教育のうちですが、本人の力の発動を「待つ」という点で、「育」の分野です。そして「教」と「育」とを体験した人が、それを自分の中で総合することで、その人の「教＋育」が形成されるのでしょう。これには長い時間がかかりますが、これこそ生涯学習の基盤ではないでしょうか。

この、一人の人の可能性を大事にすることは、教育現場では以前からあたりまえのことでしたが、今日ではそれが見えにくくなっていると思います。さらに、読書とは個人の努力の一つであり、必要な本は自分で買うべきだ、という考え方もありました。それを公費によって多種多様な本を集め、それぞれの人のその時の感性や理解力に応じて、本来の力の成長を援助しようという考え方に進んできたのです。

図書館があるから本を買う必要はない、というのではなく、図書館で見て、自分に必要だと思ったから買う、という考えが自然に生まれてくるのです。例えば生徒たちと学校司書、あるいは生徒どうしの会話の中に、こういう「人と本とのかかわり」が見えてくるのです。

3　未来に向けて

これからの読書

今後は、それぞれの「本」の長所を組み合わせて、内容の理解を進めることが多くなるでしょう。ものの動きを知るとか、普段は近づけないものを見る臨場感は映像の独擅場《どくせん》ですし、言葉の陰翳《いんえい》を知るためには音声の記録が適切です。また、電子媒体の場合には、今までの本ではできなかったさまざまな機能が加えられて、まことに便利です。一方、従来の本は、抽象的な思考に至るモデルでもありますし、また一行ずつ、一ページずつをたどって著者との対話に導かれ、その考えの理解に至る——時にはそれを超えることもある——ものです。

また、同じ本を繰り返し読むことで、そのたびに新しい面が開けることもあります。それは、著者の考えを本という形にまとめるために、編集者をはじめ、さまざまな分野の専門知識を総合していますから、その全体も細部も、ともにその内容の表現なのです。そこで本は一国の文化の表徴ともいわれます。また、紙の上に印字をすることからくる安定性も、分析し思索を深めるためには必要だという生物学者からの提言もあります。もう一つ、幼い時に読んだ本を後年手にすると、そのころの自分に出会える、というのも、本ならではのことです。

「ひとり灯のもとに文をひろげて、見ぬ世の人を友とする」といった吉田兼好、「一日に一五分、決まった時間に読書を」といったルイス・ショアーズ（米国図書館学者、一九六〇年代の国際的指導者の一人）、「卒業後は毎晩一ページ、洋書を読みなさい」と学生に諭した石橋湛山《たんざん》（元首相）の言葉は知識の獲得だけでなく、静かな「自分の時間」を持つことが大事だ、といっているのかもしれません。

さらにいえば、思索を深めるのに、便利さだけでいいのか、無駄とも思える思考の低迷や遍歴も必要ではないのでしょうか。読書の価値は、そういうところにもあろうか、と思います。

そこで本と新しい媒体の組み合わせと、誰もがそれを自由に使える条件が必要です。それには、それぞれの組み合わせを援助する「本と人とをつなぐ人」とその考え方とが大事になります。

図書館員として考えること

図書館員は、目標を一人ひとりの読者に据えて、毎日の図書館サービスの充実を図るのは当然ですが、それを考える補助線のようなものはないでしょうか。それがないと、熱意が空回りをするばかりで、読者の求めるものとは違った方向に走る恐れがあります。世の中で、作り手の論理と受け手の感覚とは、往々にして食い違うからです。この場合、私見では縦と横のラインで考えたらどうかと思っています。

まず縦のラインは、図書館とは本来何なのか、という理念を掘り下げること、そしてその図書館の設置目的に従ってそれぞれの分野の本を知り、読者の要求を知って、どういうサービスを提供するかを組み立てます。それをまとめて、その時の到達目標を考え、さらに将来の理想像を立ち上げたいと思います。

横のラインは、図書館を取り巻く広い世界に目を向けることです。図書館は「本」にかかわるさまざまな分野の人たちに囲まれて、図書館として存在しています。その人々には、まず著者、次にその著作を本の形にする人（編集者、装丁家、印刷者、製本師、製紙業その他本の材料となるものを生産、供給する人々）、本の流通業者、書店員、古書店員、傷んだ本を修復する製本師

（諸《もろ》製本と呼ばれ、一冊の本に長い生命を与える仕事。出版製本の原型でもあり、現在では国際的な広がりと深さとを持ちます）、写本を持つ個人や機関、さらにそれぞれの仕事の道具や用品を作り、供給する人々など、そして、読者、今は読まなくてもいずれは読むかもしれない人々が含まれます。

この人たちの本についての思いや考え方、現実の状況を知ることが、図書館活動を広げ、深めることでしょう。こういう人たちの本づくりにかける思いは、この本で述べた図書館員の仕事に対する熱意と努力とに通じ合うものがあると思います。表面には現れないかもしれませんが、こちらにそれがあれば、いろいろな面から感じ取ることができましょう。そこから学ぶべきことは大きいと思います。

横の広がり

この思いが、今までの縦割り状況を破って、横のつながりを作り出しています。

一九九三年、「子どもと本との出会いの会」が結成されました。これは、さまざまな分野の人たちを網羅して、日本で最初の国際子ども図書館（国立）の設立計画に賛同し、その設立を広い立場から支援するものでした。横の広がりの顕著な例と言えましょう。この団体は、二〇〇二年、上野に国立国会図書館の分館として国際子ども図書館が設立されたことで、その使命を終わり、解散しました。

NPOブックスタート（二〇〇〇年発足）は出版界を基盤としてすべての赤ちゃんに本を届ける活動をしています。これによって保健所、図書館、保育園、市町村の関係部局などを横につなぎ、赤ちゃんの時から絵本に親しむ生活環境づくりへの理解と協力とを生みました。それまで図書館とは無縁であった若い母親たちが、保健所での定期健診の時にこの活動を知り、新しい読者になっています。

鳥取県でおこなわれた「本の国体ブックインとっとり'87「日本の出版文化展」」（地方出版物を主体とした展示会）やその主催団体「本の学校」の活動も、従来の壁を超えて、本を楽しみ、本について考える広場を作ろうとしています。また、高校生や大学生が参加する「ビブリオバトル」の活動は、読者がこれと思う本を持ち寄り、五分間でそれを紹介、その中からその日の「チャンプ本」を投票によって決めています。これもまた、本についてのさまざまな見方を横につなぐものといえましょう。

さらに日本書籍出版協会は、出版活動の前向きな発展のためには、図書館の資料費の増額が必要と考えて、二〇一六年三月、「図書館資料購入費、図書館整備充実に関わる経費について」を文部科学大臣宛てに提出し、このところ低落を続けている図書購入費の増額を強く要望しました。このように「横のつながり」は、今、次々と広がっているといえましょう。そこから社会全般につながると思います。

長い時間観の中で

そのつながりもまた、われわれが生きて活動していることの証として、次々と「本」として生産されます。それを歴史学者の目で見たのが次の一文だと思います。

人間の実生活には、絶えず将来を予測し、将来に備えながら、現在の瞬間を生き、新しい歴史を作って行く一面と、また絶えず過去を振返って過去を整理する一面とがある。そして過去を整理しておかなければ、明日の生活に支障を来すことになるのである。過去はそのまま消えて行くものでなく、その中の必要な部分は将来に再生する。だから過去を整理するという仕事は、それ自身が生活の進行なのである。何だか反対の方向に向いているように見えて、実際はそのいずれも、我々が生きて行く間に起る、生活の営みに外ならない。

（宮崎市定『中国史』（上）岩波文庫）

この「我々が生きて行く間に起る、生活の営み」の記録を、一人ひとりみんなのものとするために図書館があり、人と「本」とをつなぐ仕事がある、と考えて、この本を閉じたいと思います。

おわりに

東洋大学の夜間司書講習で図書館学の手ほどきを受けたのは、一九五四(昭和二九)年でした。加藤宗厚先生はじめ先生方の奥深い講義に、新しい世界が開けました。学校図書館で働き始めたばかりで、夜の授業で聞いたことを、翌日の実務の中で確かめながらの学習でした。また、この学校の生徒さん一人ひとりは、成績では表せない、たくさんの魅力を持つ人たちでした。それが私に、司書の仕事とは、一人ひとりの伸びる芽を、必要に応じてそっと支えることなのだ、と考えさせ、出発点となりました。

大学図書館では、一人ひとりの学生のために図書館がある、と痛感しましたし、また、学校図書館、大学図書館、公立図書館と館種は違っても、一人の中で連続する存在であることに気づきました。

現場の司書として米国で図書館学を学んだ時には、「この図書館学は米国の条件のもとで発達したのだ。それをどこにでも適用できると思ってはならない」と教えられ、公立図書館が税金で立つとは、住民一人ひとりの生活に基礎を置くことだと知りました。その後、教職に就いた後、また留学の機会を得、比較図書館学と教育人類学とを学んで、図書館を考える基礎は一人ひとりの読者にある、と気づきました。

そこで学んだ人の行動パターンは、帰国してすぐ出会った子ども文庫活動の中にも見出すことができました。また、新設の大学で一年間図書館が東京とつくばにわかれ、読むべきものが入学時に乏しかったため、持ち寄り文庫を一期生が作ったことにも、ほとんど同じものを見ました。こういうことのすべてが、まことに得難い学びの機会となったのです。

その結果の一つが、この本です。これをまとめるためには、多くの方のお世話になりました。元日本図書館協会事務局長の松岡要さん、私の担当科目に参加し、卒業後図書館の現場で三〇年以上を過ごした図書館司書、館長の皆さんは、文献の入手、図書館見学などについてお手伝いくださいました。この本に実例として取り上げた各図書館の司書の方がた、また拙稿についてご意見をお示し下さった各団体や図書館の皆さん、それぞれの活動について資料や報告をお送りくださる文庫の皆さん、いつもお励ましをいただく出版ニュース社代表・清田義昭さん、蕪稿をこの形にまとめてくださった坂本純子さんはじめ岩波書店の方がた、この本に適切なイラストを生み出して下さった藤原ヒロコさんに、深く御礼申し上げます。

さらに、戦後、志向が定まらず、右往左往してご迷惑をかけたころから今日まで、言葉に尽くせないほど多くの方々の温かいお世話に与《あずか》りました。一々お名前をあげませんが、心からの謝意を籠めて本書を捧げたいと存じます。まことにありがとうございました。

主要参考文献

第一章

『図書館研究三多摩』第六号(復刊)、二〇一四年、第七号、三多摩図書館研究所、二〇一五年
調布市立図書館編『このほんよんで!』初版、一九八五年、第二版、二〇一〇年
――『調布市立図書館50年の歩み』二〇一八年
萩原祥三『買い物籠をさげて図書館へ』創林社、一九七九年

第二章

石井桃子『新編　子どもの図書館』(石井桃子コレクションⅢ)、岩波現代文庫、二〇一五年
――『児童文学の旅』(石井桃子コレクションⅣ)、岩波現代文庫、二〇一五年
――『エッセイ集』(石井桃子コレクションⅤ)、岩波現代文庫、二〇一五年
石井桃子著(伊藤元雄編)『子どもが本をひらくとき――石井桃子講演録』ブックグローブ社、二〇

一七年
尾崎真理子『ひみつの王国――評伝石井桃子』新潮社、二〇一四年
『一九七八年度全国公共図書館研究集会報告書』（一九七八年一一月一六日開催）日本図書館協会、一九七九年
児童図書館研究会『「喜びの地下水」を求めて――石井桃子が児童図書館にのこしたもの』二〇一〇年
小寺啓章「石井桃子」『日本の児童文学者たち』（平成二二年度国際子ども図書館児童文学連続講義録）国立国会図書館国際子ども図書館、二〇一一年
東京子ども図書館「追悼　石井桃子」『子どもとしょかん』第一一八号、二〇〇八年
中川李枝子『子どもと本の架け橋　石井桃子の世界を語る』講演録、東浦和図書館、一九九九年
米谷優子「児童図書出版と図書館――石井桃子とのかかわりから」『情報学』第九巻二号、大阪市立大学、二〇一二年
松岡享子『子どもと本』岩波新書、二〇一五年
石井桃子関係資料　ピッツバーグ大学中央図書館（米国ペンシルヴェニア州）エリザベス・ネスビット　コレクションから一四点

斎藤尚吾『點燈集——読書運動の旅』書肆にしかわ、一九八八年
——『タンポポの種を蒔いた人——斉藤尚吾追悼集』書肆にしかわ、二〇〇二年
日本親子読書センター『子どもと読書と仲間たち——第二期一〇年のあゆみ』二〇〇四年
——『「育て合う」仲間と共に五〇年——歩んだ道を振り返る』二〇一八年
増村王子編『読みきかせの発見』岩崎書店、一九七三年
島弘『図書館と子どもたち』久山社、二〇〇三年
髙橋樹一郎『子ども文庫の100年——子どもと本をつなぐ人びと』みすず書房、二〇一八年
宮崎市定『現代語訳　論語』岩波現代文庫、二〇〇〇年
年報『親子読書の展望』／『親子読書通信』／『親子読書運動』／『親子読書つうしん』
親子読書・地域文庫連絡会『親地連この十五年』一九八五年
——『歩んできた歩んでゆく——二〇年のあゆみ』一九九〇年
——『子どもと本をむすんで——三〇周年記念誌』二〇〇〇年
——『読書の喜びを子どもたちに——親地連の四〇年』二〇一二年
広瀬恒子『子どもの読書　いまこれから』新日本出版社、一九九二年
——『読書ボランティア—活動ガイド—どうする？　スキルアップ　どうなる？　これからのボラン

ティア』一声社、二〇〇八年
親子読書・地域文庫全国連絡会、全国交流集会でのアピール、要望書は『三〇周年』、『四〇周年』の記念誌に掲載
『親地連ニュース』／『親子読書』／『子どもと読書』
「全国交流集会基調報告」、「子どもの本　この一年」『親地連ニュース』に年に一回、継続して広瀬恒子執筆

第三章

日本図書館協会編『近代日本図書館の歩み』本篇、一九九三年
国立国会図書館編『国立国会図書館三十年史』一九七九年
西崎恵『図書館法』初版　羽田書店、一九五〇年、復刻、日本図書館協会、一九七〇年
裏田武夫・小川剛編『図書館法成立史資料』日本図書館協会、一九六八年
日本図書館協会『「図書館の自由に関する宣言　一九七九年改訂」解説第二版』二〇〇四年
——『「図書館員の倫理綱領」解説』一九八一年
——『豊かな文字・活字文化の享受と環境整備——図書館からの政策提言』二〇〇五年（http://jla.

or.jp/kenkai/mojikatuji200610.pdf)
――『改正教育基本法は図書館に何を期待しているか』二〇〇八年
日本図書館協会 図書館政策企画委員会『こんなときどうするの?』改訂版編集チーム編『みんなで考えるこんなときどうするの?――図書館における危機安全管理マニュアル作成の手引き』改訂版、二〇一四年
日本図書館協会 図書館の自由委員会「こんなとき どうする(2)――捜査機関から照会があったとき」『図書館の自由』第一〇〇号、二〇一八年五月
松岡要「図書館の法と政策、管理運営の動向」『図書館界』第七〇巻一号、二〇一八年
――「図書館事業を進展させる制度・仕組みを考える」『沖縄県図書館協会誌』第二二号、二〇一九年

第四章

加藤孔敬『東松島市図書館三・一一からの復興――東日本大震災と向き合う』(JLA図書館実践シリーズ29)、日本図書館協会、二〇一六年
――「災害と図書館」(文献レビュー)『図書館界』第七〇巻一号、二〇一八年

――「サマーサンタクロース作戦・学校図書館整備支援事業――強くたくましく、読書から豊かな言語能力を育み、「生きる力」の一助とするために」『図書館雑誌』第一〇六巻一〇号、二〇一二年
池田桂子「ボランティアとして、東松島市の学校図書館整備に参加して」前掲誌

コラム　図書館学の五法則

S・R・ランガナタン『図書館学の五法則』(森耕一監訳　渡辺信一、深井耀子、渋田義行共訳)日本図書館協会、一九八一年(原書名 *The Five Laws of Library Science*, 2d. ed.)
竹内悊[解説]『図書館の歩む道――ランガナタン博士の五法則に学ぶ』(JLA図書館実践シリーズ15)、日本図書館協会、二〇一〇年
――編『「図書館学の五法則」をめぐる188の視点――『図書館の歩む道』読書会から』(JLA図書館実践シリーズ20)、日本図書館協会、二〇一二年

第五章

加藤容子「学校図書館のめざすもの」、第一〇一回全国図書館大会第一四分科会運営委員編『「図書

館のめざすもの」を語る』日本図書館協会（ＪＬＡ図書館実践シリーズ30）、二〇一六年
成田康子『みんなでつくろう学校図書館』岩波ジュニア新書、二〇一二年
木下通子『読みたい心に火をつけろ！――学校図書館大活用術』岩波ジュニア新書、二〇一七年
松田ユリ子『学校図書館はカラフルな学びの場』ぺりかん社、二〇一八年
自由の森学園中学校・高等学校『二〇一五学校案内』
成蹊大学シラバス　二〇一八年
武久顕也「まちづくり、人づくりの拠点にしたい――私が新瀬戸内市立図書館を公設公営にした理由」『出版ニュース』二〇一五年四月中旬号
瀬戸内市民図書館『もちより・みつけ・わけあう広場』二〇一六年
嶋田学「地域支援サービス」、山本順一監修、小黒浩司編『図書館サービス概論――ひろがる図書館のサービス』ミネルヴァ書房、二〇一八年
中川卓美『サインはもっと自由につくる――人と棚をつなげるツール』（ＪＬＡ図書館実践シリーズ33）、日本図書館協会、二〇一七年

第六章

ＮＰＯブックスタート『ブックスタート・ハンドブック』第六版、二〇一二年
——編著『ブックスタートがもたらすものに関する研究レポート』二〇一四年
本の国体実行委員会編『本の国体ブックインとっとり'87「日本の出版文化展」記録集』一九七八年
本の学校編『変える、広げる　本との出会い——本の学校・出版産業シンポジウム二〇一五への提言(二〇一四記録集)』出版メディアパル、二〇一五年
日本書籍出版協会「図書館資料購入費、図書館整備充実に関わる経費について(要望)」(http://www.jbpa.or.jp/pdf/documents/toshokanzougaku201603.pdf)
宮崎市定『中国史』(上)、岩波文庫、二〇一五年

竹内　哲

1927年東京生まれ．56年東洋大学司書講習修了．65年米国のフロリダ州立大学図書館学大学院修士課程修了．79年ピッツバーグ大学図書館情報学大学院博士課程修了．

1954年から66年まで中・高等学校図書館と大学図書館に司書として勤務．その後，立正大学講師，専修大学講師，同大学助教授，教授などを経て，1981年図書館情報大学教授，87年同大学副学長．現在，図書館情報大学名誉教授．2001年から05年まで日本図書館協会理事長．

編著書に『図書館学の教育』(共著，日外アソシエーツ)，『コミュニティと図書館』(編著，雄山閣)，『図書館の歩む道』(解説，日本図書館協会)『「図書館学の五法則」をめぐる188の視点』(日本図書館協会)などがある．

生きるための図書館
――一人ひとりのために　　岩波新書(新赤版)1783

2019年6月20日　第1刷発行
2022年4月5日　第2刷発行

著　者　竹《たけ》内《うち》　哲《さとる》

発行者　坂本政謙

発行所　株式会社　岩波書店
〒101-8002 東京都千代田区一ツ橋2-5-5
案内 03-5210-4000　営業部 03-5210-4111
https://www.iwanami.co.jp/

新書編集部 03-5210-4054
https://www.iwanami.co.jp/sin/

印刷・理想社　カバー・半七印刷　製本・中永製本

ISBN 978-4-00-431783-8　　Printed in Japan

岩波新書新赤版一〇〇〇点に際して

ひとつの時代が終わったと言われて久しい。だが、その先にいかなる時代を展望するのか、私たちはその輪郭すら描きえていない。二〇世紀から持ち越した課題の多くは、未だ解決の緒を見つけることのできないままであり、二一世紀が新たに招きよせた問題も少なくない。グローバル資本主義の浸透、憎悪の連鎖、暴力の応酬——世界は混沌として深い不安の只中にある。

現代社会においては変化が常態となり、速さと新しさに絶対的な価値が与えられた。消費社会の深化と情報技術の革命は、種々の境界を無くし、人々の生活やコミュニケーションの様式を根底から変容させてきた。ライフスタイルは多様化し、一面では個人の生き方をそれぞれが選びとる時代が始まっている。同時に、新たな格差が生まれ、様々な次元での亀裂や分断が深まっている。社会や歴史に対する意識が揺らぎ、普遍的な理念に対する根本的な懐疑や、現実を変えることへの無力感がひそかに根を張りつつある。そして生きることに誰もが困難を覚える時代が到来している。

しかし、日常生活のそれぞれの場で、自由と民主主義を獲得し実践することを通じて、私たち自身がそうした閉塞を乗り超え、希望の時代の幕開けを告げてゆくことは不可能ではあるまい。そのために、いま求められていること——それは、個と個の間で開かれた対話を積み重ねながら、人間らしく生きることの条件について一人ひとりが粘り強く思考することではないか。その営みの糧となるものが、教養に外ならないと私たちは考える。歴史とは何か、よく生きるとはいかなることか、世界そして人間はどこへ向かうべきなのか——こうした根源的な問いとの格闘が、文化と知の厚みを作り出し、個人と社会を支える基盤としての教養となった。まさにそのような教養への道案内こそ、岩波新書が創刊以来、追求してきたことである。

岩波新書は、日中戦争下の一九三八年一一月に赤版として創刊された。創刊の辞は、道義の精神に則らない日本の行動を憂慮し、批判的精神と良心的行動の欠如を戒めつつ、現代人の現代的教養を刊行の目的とする、と謳っている。以後、青版、黄版、新赤版と装いを改めながら、合計二五〇〇点余りを世に問うてきた。そして、いままた新赤版が一〇〇〇点を迎えたのを機に、人間の理性と良心への信頼を再確認し、それに裏打ちされた文化を培っていく決意を込めて、新しい装丁のもとに再出発したいと思う。一冊一冊から吹き出す新風が一人でも多くの読者の許に届くこと、そして希望ある時代への想像力を豊かにかき立てることを切に願う。

（二〇〇六年四月）